JOSÉ LUIS NAVAJO

T0337307

Convirtiendo el aguijón en arado

GRUPO NELSON

Una división de Thomas Nelson Publishers

Desde 1798

NASHVILLE   MÉXICO DF.   RÍO DE JANEIRO

Editora en Jefe: *Graciela Lelli*
Edición: *Juan Carlos Martín Cobano*
Diseño interior: *Grupo Nivel Uno*

ISBN: 978-0-71808-957-3

Impreso en Estados Unidos de América
17 18 19 20 21 RRD 9 8 7 6 5 4 3 2 1

Dedicatoria

Hace tiempo me dijeron:
«No te fíes demasiado de las palabras de un hombre que no tiene cicatrices».

A ellos dedico este libro: a cuantos no necesitan decir una sola palabra, porque llevan su historia escrita en las arrugas del rostro. A quienes supieron convertir las cicatrices en renglones y el hiriente aguijón en fértil arado.

«He descubierto —me dijo el sabio anciano— que lo más grande es aprender a ser pequeño... Aprendí que el camino a la grandeza es descendente; que nuestro llamado no es a ser estatuas, sino pedestales que alcen al Auténtico Monumento... He aprendido, en fin, que la gloria de Dios pesa tanto que solo puede llevarse de rodillas».

Comprendí, entonces, la razón de que aquel hombre exhalase autoridad por cada poro de su piel, y que cada una de sus palabras fuera un disparo al corazón, que lo llenaba de vida.

Índice

TERCERA PARTE.
Un final y un nuevo comienzo

Antes de empezar...

No murió del todo; el corazón de mi viejo pastor sigue latiendo en estas líneas.

Dicen que cada libro es un hijo de papel y tinta que el autor alumbra. Si eso es cierto —y yo creo que lo es—, la llegada de *Lunes con mi viejo pastor* fue un parto muy duro. Las contracciones produjeron tal dolor que sentí que me rompía, pero las alegrías que luego me ha reportado hacen que cada momento de angustia valiera, sin duda, la pena.

Casi a diario recibo notas de gratitud de los lugares más remotos del mundo: mensajes de personas que fueron ayudadas por los consejos que mi viejo pastor me regaló y registré en ese libro. Cada una de esas misivas logra conmoverme al llevarme a constatar que el durísimo proceso que yo creí que me mataba solo me hacía más fuerte, y la difícil experiencia que temí que me incapacitara, en realidad me estaba capacitando. He podido comprobar una vez más que Dios siempre escribe derecho, aun sobre renglones torcidos.

Y, ¿sabes?, algo ocurrió en estos días que me llevó de vuelta a la blanca casa donde tuvo lugar mi restauración... a las últimas jornadas junto a mi viejo pastor.

De eso trata este libro: contiene el néctar destilado en la sala de espera donde mi mentor y maestro aguardaba la definitiva llamada. Sabiduría que, gota a gota, fluyó de la cicatriz para posarse en el papel.

Te propongo que busques un lugar tranquilo y serenes tu alma para participar de estas líneas.

Iniciemos el viaje. Todo ocurrió, más o menos, así...

Primera
parte

Preludio

S e anaranja el horizonte.

El sol, insinuándose apenas, se asemeja a un niño pelirrojo que atisba semioculto entre las copas de los árboles. Amanece el veintitrés de junio y el verano abrió sus puertas de par en par. He salido al jardín a esperar al nuevo día. El aire huele a césped recién regado y, al amparo de la encina centenaria, contemplo cómo el mundo se ordena. Una brisa levísima mece tan solo las ramas más altas de los chopos y arizónicas, abajo impera una quietud que anticipa otro día caluroso.

Delante de mí, sobre la mesa, reposa la gastada Biblia de letra gigante que recibí de mi viejo pastor. La cruz grabada en oro sobre la tapa responde con destellos a la caricia del sol. «Nací a la sombra de la cruz, quiero vivir anclado a ella y que sea la escala que me alce a su presencia cuando llegue mi tiempo». Así decía con frecuencia mi viejo pastor.

¡Y cómo amaba su Biblia! Las hojas, amarillentas y rizadas por los bordes, muestran casi todos los versículos marcados con diferentes colores. Los últimos que subrayó, estando ya cerca su partida, más que marcados parecen tachados, pues la enfermedad le robó su pulso firme

—le robó casi todo—, pero no atenuó un ápice la pasión con la que el anciano acudía a diario a la Palabra. «Más de cien veces la he leído, la mitad de ellas de rodillas, y siempre me dice algo nuevo». Sus ojos mostraban un fulgor radiante cuando lo decía.

No era presunción, sino gratitud, lo que desprendían sus palabras.

Junto a la Biblia hay una taza de humeante café y al lado un puñado de folios blancos que pronto empezaré a emborronar. Sobre ellos descansa la gastada estilográfica, regalo también de mi viejo pastor. Las mejores líneas siempre las escribo al amanecer. Mi mente es más fértil cuando el sol se despereza por el este y el día descorre sus cortinas. Mientras mi adoración sube mecida por la brisa, van surgiendo frases que capturo sobre la superficie blanca de los folios. Son momentos íntimos que comparto con Dios en radical soledad.

Pero hoy va a ser diferente, porque, justo cuando me dispongo a degustar un sorbo de café, un sonido agudo y breve hace añicos el silencio. Del sobresalto, la taza oscila entre mis labios y a punto estoy de derramar el líquido caliente sobre mi camisa.

Me toma unos segundos identificar que la interferencia provino de mi teléfono, anunciando la llegada de un WhatsApp. Mi reacción es de disgusto, porque esa injerencia irrumpió en un espacio íntimo que no admite profanaciones. Empujo el terminal a un costado de la mesa, lamentando haber quebrado la promesa que hice tiempo atrás de no llevar mi teléfono a la cita con Dios.

Aunque mi intención inicial es ignorar el mensaje, mis ojos acuden de hito en hito al icono verde que desde la esquina de la pantalla me recuerda que en las entrañas del teléfono reposa un aviso que tal vez requiera premura.

Claudico y lo leo.

En efecto, se trata de una emergencia.

El remitente es un amigo, pastor de una pequeña iglesia, y el mensaje, un desgarrador grito de auxilio. No ha insertado emoticonos que añadan dramatismo a su nota; no los precisa, pues el telegrama rezuma angustia por los cuatro costados.

Así fue como comenzó todo.

El anuncio de una rendición

En respuesta a su mensaje, cerca del mediodía, me encontraba sentado frente a él en una cafetería. Entre ambos, sobre el mármol de la mesa, reposaba un solo tazón que contenía mi segundo café del día. Él no pidió nada, no era ingerir lo que necesitaba, sino vaciarse de la enorme carga que lo asfixiaba.

—Puedes hablarme con libertad —le dije, manteniendo mis ojos en los suyos—, creo que sabré comprenderte y te aseguro que no voy a juzgarte.

Entonces sí, rompió a llorar.

Derretido el hielo que congelaba su alma, asomó en una primera lágrima que se precipitó por su mejilla derecha. Fue como abrir una compuerta, la segunda siguió el camino, la senda de su huella impresa en la piel, y quedó arrastrada por la conmoción cuando de ambos ojos brotó el torrente imparable.

Su llanto era estremecido como el de un niño.

Viéndolo así, lamenté no haber tenido la sensibilidad de citarlo en mi casa o en el despacho de la iglesia. Con la cafetería llena nos convertimos en el blanco de todas las miradas; por unos segundos valoré la opción de buscar otro sitio más tranquilo, no obstante, me contuve; mi amigo necesitaba llorar y estaba en su derecho de hacerlo.

Minutos después, con mi café ya frío y él un poco más tranquilo, asistí al inicio de su discurso: se trataba del anuncio de una rendición.

—No puedo seguir pastoreando… Voy a dejarlo todo.

Pese a la voz quebrada, la decisión sonó irreversible. Verbo a verbo, añadió detalles que me parecieron pinceladas grises sobre el lienzo de su angustia.

—He intentado sostener el arado, pero pesa demasiado y no me quedan fuerzas. Mi campo de labranza no es de tierra, sino de piedra. Dudo que en realidad sea pastor… no puedo seguir adelante. Mi esposa está sufriendo mucho… demasiado. Apenas duermo por las noches…

Por espacio de veinte minutos, encadenó frases breves e inconexas. Mínimos telegramas que añadían detalles al informe de su derrota. Declaraba vez tras vez su incapacidad de continuar. Mezclados y a trompicones, brotaban versos que componían una de las elegías más tristes que jamás haya escuchado:

—¿Por qué mi iglesia no crece, sino que decrece? No importa qué iniciativas ponga en marcha, todas fracasan. No recuerdo lo que es dormir una noche entera, me despierta la angustia. Nunca antes me he sentido tan desanimado.

No eran palabras, sino crespones negros sobre el acta de defunción de un ministerio. Mi amigo no estaba cansado, sino exhausto. No era herido como se sentía, sino desgarrado.

Un salto atrás en el tiempo

Y mientras lo escuchaba, percibí, sobrecogido, que cada línea de su discurso me aproximaba ecos del pasado llevándome a evocar mi propia experiencia. Este hombre tenía sus pies hundidos en un lodo que yo conocía muy bien: el que asfalta el valle de la rendición. En el dolor que describía estuve yo otras veces, conocía sus filos fríos, sus ojos enemigos y sus manos sombrías. Las palabras que pronunciaba, cada una de ellas, me acercaban el espantoso hedor de aquel cenagal que yo mismo atravesé poco tiempo atrás.

Sin poderlo evitar, comencé a revivir el escalofrío que sacudió mi vida en aquel tiempo.

¡Incluso era lunes! Como ese primero de mayo que supuso el día de mi rendición. Mi agotamiento extremo llegó en abril; mi capitulación ocurrió en mayo.

Desde el asiento de la cafetería me vi transportado al momento en que, extenuado, llegué al hogar de mi viejo pastor.

¿Qué me llevó allí?

Un agotamiento irracional.

La sensación de no poder, no valer y no servir me había minado por completo. Siempre me gustó ayudar a los demás, pero desde hacía un tiempo era diferente: el privilegio se había convertido en carga y lo que se suponía que debía ser un yugo ligero y fácil me estaba aplastando.

Hacía treinta y un años que era pastor, pero en aquel momento me vi incapaz de seguir siéndolo. Se agotaron mis fuerzas. La pasión se había apagado y la certeza que siempre alentó mi alma fue barrida por vendavales de temor con rachas de incertidumbre. Nunca pensé que alguien pudiera sentirse tan desanimado.

Durante ese tiempo intenté, ignoro si con éxito, cumplir mis funciones. Le pedí a Dios intensamente —y frecuentemente también— que me mostrase la salida del siniestro valle en que me hallaba, pero mis oraciones parecían desvanecerse antes incluso de alcanzar el techo de la habitación. Me hallaba separado del mundo por un cristal oscuro, que era el sentimiento enfermizo de no poder, no valer y no servir. Aceptado ese veredicto, fue sencillo que por los resquicios de mi mente se abriera paso la reflexión que alcanzó peso de convicción: «Sería mejor dedicarme a otra cosa. No tengo vocación, todo fue una quimera, una falsa ilusión; no es para mí esta vida».

Mi esposa me preguntaba con insistente cariño: «¿Qué te ocurre?». Mi respuesta vez tras vez era la misma: «Nada». Estaba seguro de que no entendería lo que me estaba sucediendo, sencillamente porque no lo entendía yo, ni sabría explicárselo. Pero ella, que de un solo vistazo es capaz de radiografiar toda mi alma, sabía que algo en mi interior se había roto. Se pegó a mí como una segunda piel, respetando mi silencio y velando mi desvelo, hasta que, transcurrido largo tiempo, una mañana se sentó frente a mí decidida a no aceptar más evasivas por respuesta:

—Por tu bien, por el de nuestro matrimonio y por el de la iglesia, dime qué te pasa...

Ni en mil vidas podría olvidar la dulce presión de su mano en la mía, ni sus ojos, inequívocamente sinceros, enfocándome con fijeza y aguardando mi respuesta.

Agaché la mirada.

Su mano bajo mi mentón me obligó a levantarla.

—Dime qué te ocurre, por favor —no era una orden, sino una súplica.

—Está bien —capitulé—. Lo siento, amor, pero no tengo fuerzas para continuar; voy a dejar el ministerio...

Sin descomponérsele el gesto, lloró. No soltó mi mano ni apartó sus ojos de los míos; solo lágrimas soltó.

—Tomes la decisión que tomes —casi lo susurró—, estaré a tu lado.

No hubo juicio en sus palabras, sino raudales de comprensión, la perfecta medicina para mi alma. Aquella mujer no tenía respuesta para mis preguntas, pero no eran respuestas lo que yo necesitaba, sino comprensión.

Sin soltar mi mano, sus ojos siguieron hablando a los míos:

—Pero, antes de dejarlo todo, ¿por qué no visitas al viejo pastor?

Ese consejo, y sobre todo el admitirlo, me salvaron la vida.

Nuestro viejo pastor era un veterano de guerra. Tenía en aquel momento ochenta y cuatro años, cincuenta y cuatro de los cuales había dedicado a pastorear la misma iglesia. Un soldado de Dios curtido en mil batallas y que llevaba en su cuerpo las marcas del ministerio, heridas de guerra, algunas de ellas muy marcadas, pero tuvo la sabiduría de convertir las cicatrices en renglones que ahora desbordaban sabiduría.

Tras meses de lucha que semejaron años, cuando tocaba ya mi rendición con los dedos, llegué allí: al hogar de mi viejo pastor.

Mi amigo seguía hablándome desde su asiento en la cafetería; yo le escuchaba y asentía, captando cada una de sus palabras, y también sus emociones, porque mi escucha era radicalmente activa, sin embargo, a la vez, estaba ante la blanca casa que se alzaba en medio del campo, cimentada en el centro de la nada, pero amparada en la quietud más perfecta. Acodado en la mesa de mármol, frente a mi taza vacía de café, reviví los temores que me asaltaron aquella tarde, y el pudor que me embargaba cuando por primera vez visité a mi viejo pastor, y el largo rato que luché contra el impulso de marcharme sin llamar, hasta que las espinas de la inquietud me empujaron hacia la puerta azul tachonada de clavos negros.

Mientras lo observaba sentado frente a mí, recordé el puño de bronce que en el centro de la puerta hacía las veces de llamador, y mi mano temblorosa sosteniéndolo y vacilando, sin atreverse a descargarlo sobre la madera.

—¡No puedo seguir adelante! — gritó casi derrotado el pastor, provocándome un sobresalto que me trajo de nuevo al presente—. Mi esposa no merece sufrir así; fui yo quien pensó tener la vocación, aunque ahora lo dudo, pero ella está siendo molida por las consecuencias. ¡No puedo más! —repitió más alto aún—. Tengo que cambiar de vida…

Mis ojos se mantuvieron fijos en los suyos y con mi mano apliqué una leve presión en su antebrazo, pero mi mente vagaba de nuevo en las entrañas de aquel lunes, primero de mayo, en el que, sentado por fin frente a mi viejo pastor, declaré: «No tengo vocación, todo fue una quimera, una falsa ilusión, no es para mí esta vida. Lo mejor será que deje el ministerio».

Regresé junto a mi amigo, y volviendo a posar mi mano en su antebrazo, le dije:

—No te juzgo, créeme. Comprendo tus sentimientos mejor de lo que puedas imaginarte. —Hice un instante de silencio, al cabo del cual añadí—: Decidas lo que decidas, estaré a tu lado. No obstante, te sugiero que no des pasos precipitados. Permite que se asienten tus emociones —le aconsejé. A continuación le pedí—: ¿Puedes darme unos días antes de abandonar?

Su dolor y angustia eran tan atroces que me pareció inmoral despacharlo con un par de consejos superficiales. Creí más honesto llevar su carga a mi rincón de oración, así que, poniéndome en pie, aseguré:

—Oraré por ti y te diré algo en los próximos días —le dije con un abrazo, y vi la gratitud escurriéndose en sus lágrimas.

—Gracias por comprenderme —me dijo—. No es fácil encontrar a quién contarle algo así sin sentirse juzgado.

—Soy yo quien te da las gracias, amigo. Tampoco es sencillo encontrar a alguien que confíe en uno para abrirle el corazón como tú lo has hecho.

Me miró y solo asintió con la cabeza.

Estreché su mano antes de volverlo a abrazar.

—Estoy a tu lado para lo que necesites —le dije.

Compartiendo en familia

Aquella noche, durante la cena, comenté el caso con María. En cuanto percibió el matiz de mi discurso, apartó el plato de comida para concentrarse en mi relato. Con los codos sobre la mesa, los dedos entrelazados y la cabeza apoyada en ambos pulgares, mantuvo su mirada fija en mí, en el más perfecto ejemplo de escucha activa.

A medida que avanzaba en la narración, a sus ojos fue asomándose la compasión, hasta que, licuada, se precipitó por sus mejillas.

—Me parece estar escuchando la narración de nuestra propia experiencia —susurró mientras retiraba con sus dedos las lágrimas que pugnaban por salir.

Poco después, ya en la cama, María, con sus dos brazos detrás de la cabeza y la mirada fija en el techo, preguntó de pronto:

—¿Recuerdas los últimos días con el viejo pastor?

La miré. Su gesto era de ensoñación, como si estuviera reviviendo aquel momento.

—La etapa de la despedida —insistió—. ¿Recuerdas? Fue en sus últimas jornadas cuando te enseñó las mayores lecciones.

—Sí —le dije, aunque no entendía qué relación tenía aquello con la aflicción de mi amigo.

Poco después apagó la luz de su mesita de noche y pronto su respiración delató el plácido sueño que la envolvía. Fui entonces yo quien, incapaz de dormir, coloqué ambas manos tras mi cabeza y enterré la mirada en el techo... en la oscuridad que ocultaba el techo.

Vi avanzar los dígitos rojos del reloj por demasiado tiempo hasta que, convencido de que me sería imposible conciliar el sueño, me levanté con cuidado para no interrumpir el descanso de María y fui a la cocina, calenté un vaso de leche. Allí, apoyado de codos en el alfeizar de la ventana, contemplé la bellísima noche, en la que la luna llena perfilaba cada planta del jardín.

Seducido por la tibia temperatura, salí al porche y paseé la mirada por el majestuoso cielo de verano. La noche era clara; se escuchaba un mochuelo y algún perro que respondía a otro.

¿Por qué habría mencionado María esas últimas jornadas en compañía de mi viejo pastor? Treinta años a su lado me enseñaron que su comentario más trivial puede ser envoltorio de una clave importante.

Me senté en el escalón de piedra, donde apuré la leche templada, luego introduje mi mano en el bolsillo de la bata para extraer unas cuartillas; tal vez pudiera emplear la vigilia en repasar las últimas páginas que había escrito.

Imposible.

Inútil pretender concentrarme en la lectura, pues mi mente, ingobernable, ya vagaba por los corredores de aquella final etapa a la que se había referido María: los últimos días junto a mi viejo pastor; unas jornadas que cambiaron mi vida para siempre.

De vuelta a la blanca casa

No fue un lunes el primer escenario al que me condujo mi recuerdo, sino que me vi transportado a aquel viernes que ya olía a otoño, cuando, declinando el día, llegué a visitarlo. Ahora, con la perspectiva que el tiempo confiere a las cosas, me daba cuenta de que fue precisamente esa tarde cuando tomé conciencia de que mi viejo pastor se despedía de la vida y alcancé a captar la inminencia de su partida.

Cuando llegué a la blanca casa, el silencio valseaba por el jardín envolviéndolo todo en una quietud estremecedora. El aire estaba quieto, ni la más leve brisa se dejaba sentir. La centenaria encina parecía de piedra: ningún movimiento en sus ramas, ni la más mínima agitación entre sus hojas. La vida, lo mismo que el sol, se derramaba en aquel paradisiaco entorno, pero una extraña desazón, un sombrío presagio, me decía que la muerte también campaba en el jardín.

Recordé de pronto la pregunta que alguien me hizo mucho tiempo atrás:

—¿Crees que los edificios pueden tener una sensación de pesar o de alegría?

—Pues no sabría qué decirte —respondí.

—Te aseguro que la tienen —afirmó mi interlocutor—. Hay casas en las que se entra y sobre uno desciende la paz.

Y pensé, al recordarlo, que eso era lo que me había ocurrido cada vez que pisé la casa de mi viejo pastor: una paz evidente, casi tangible, se instalaba sobre mí. Ese día, sin embargo, fue un pesado desasosiego lo que me embargó. Aun las rosas, rojas, blancas y amarillas, sobre el poyo de piedra que circundaba la casa, se me antojaron crisantemos. Demasiado silencio.

Pero fue la vieja mecedora del porche, desocupada e inmóvil, el síntoma más elocuente. Esa gastada butaca desde la que mi viejo pastor gustaba ver caer la tarde no debería estar vacía; no era normal que el anciano desperdiciara un atardecer tan puro encerrado entre cuatro paredes.

Definitivamente, algo ocurría.

Al aproximarme un poco más, se abrió la puerta antes de que yo llamara, y su esposa, sola, apareció. Su cabello blanco, cuidadosamente recogido en un moño, y su sonrisa franca y abierta, le conferían un aspecto confiado y confiable. Pero la ausencia de mi viejo pastor me inquietó tanto que pregunté sin saludar y casi con desconsideración:

—¿Dónde está?

—Está con él —dijo la bondadosa Raquel, señalando al limpio cielo que competía con el azul de sus ojos.

Entonces sí, el miedo arañó mis tripas.

—Está con él —insistió, regalándome su sonrisa transparente, y enseguida aclaró—: en su habitación, orando.

Suspiré aliviado y seguí a Raquel, quien pronto se detuvo e hizo una señal en dirección a la puerta de la minúscula estancia donde lunes tras lunes él me había recibido y a la que di en llamar «habitación con vistas al cielo».

—No quisiera molestarlo —repuse sin atreverme a abrir.

—Pasa —insistió ella—. Se alegrará de verte.

Di dos leves toques con los nudillos y la puerta, que solo estaba entornada, se abrió apenas un resquicio, pero fue suficiente para verlo con sus rodillas hundidas en los gastados almohadones y los codos apoyados en el sillón orejero desde el que me había regalado tanta sabiduría. Absorto en su oración, no escuchó mi tímido aviso ni se percató de mi presencia, y tan sagrada me pareció la escena que no osé profanarla con mi voz.

La cristalera del fondo estaba abierta y, cuando una leve brisa despeinó los árboles afuera, el aroma de las lilas y la hierbabuena inundó la alcoba. Atraído seguramente por el delicado perfume, abrió los ojos el anciano y los orientó hacia la ventana, inspirando con placer. Aprecié entonces que, frente a él, sobre el asiento, había una hoja en blanco y sostenía mi viejo pastor su estilográfica. Levantó la pluma desmochada y la mantuvo en el aire, como si de un momento a otro fuese a posarla, solemne y enfebrecida, sobre el papel. Pero volvió a cerrar los ojos para retornar a mirar las praderas del cielo.

No sé el tiempo que permanecí allí, asistiendo a aquella escena de genuina adoración, hasta que mi viejo pastor se incorporó trabajosamente, apoyando sus manos en el sillón, y fue entonces cuando me vio.

—¡Hola, hijo! —abrió sus brazos en la bienvenida más sincera—. ¡Qué alegría verte! No recordaba que fuera lunes.

—Es viernes —le dije—, espero que no le moleste que haya venido a saludarlo.

—¿Molestarme? —intentó reír, pero un acceso de tos se lo impidió—. Tus visitas siempre son un regalo, hijo —dijo. Miró hacia el sillón valorando la opción de sentarse, se tocó luego el costado izquierdo con un leve gesto de dolor y finalmente me pidió—: ¿Tendrías la bondad de avisar a Raquel? Creo que estaré mejor en mi cama.

—Si no se encuentra usted bien, puedo volver otro día…

—No, quédate, por favor —insistió, y su gesto denotaba que era sincero en su pedido—. Soy un trasto viejo que ya solo piensa en descansar, pero tu compañía me hace bien.

Llegó Raquel y él buscó el apoyo de su brazo. Ella tomó su mano y la besó con ternura.

Caminé tras ellos disfrutando de la imagen. Con sus brazos engarzados avanzaban con pasos diminutos, como si resbalaran despacito por el suelo. De cuando en cuando se miraban y sonreían. No pude evitar sentirme un intruso invadiendo la más tierna escena de amor en el atardecer de dos vidas.

Ya en el dormitorio, él se recostó en la cama y Raquel mulló unas almohadas tras su espalda. Solo cuando estuvo segura de que su marido estaba confortable salió de la habitación, prometiendo que traería algo de merienda.

—Qué bien que estás aquí, hijo —se percibía sinceridad en su voz, pero la lentitud con que surgían las palabras evidenciaba un gran cansancio—. Deseaba verte porque, ¿sabes?, precisamente anoche pensaba que...

—¿No sería mejor que dedicara las noches a dormir y no a pensar? —le interrumpí bromeando; lo hice con la única intención de sacudirme la tristeza que me provocaba la extrema debilidad que apreciaba en él.

—Tienes razón —admitió—, pero ya sabes lo que nos pasa a los viejos, velamos en el tiempo de dormir y luego pasamos el día amodorrados. —Se encogió de hombros en un gesto de resignación y añadió—: Pues, como te decía, anoche pensaba que tal vez con mis inacabables disertaciones de los lunes he embarullado las cosas...

—No diga eso, por favor —rogué mientras acercaba una silla y me sentaba junto a la cabecera de la cama—, usted es una fuente de sabiduría de la que he bebido hasta saciarme.

—Eres muy amable —agradeció, y en su tez pálida se encendió un leve rubor—, pero lo cierto es que con la edad tendemos a padecer de incontinencia verbal. ¿Cómo le llaman a eso? ¿Verborragia? Bueno, el caso es que hablamos y hablamos, enredando los temas —prosiguió, y yo le dejé continuar pese a no estar de acuerdo con su reflexión—. Lo que quiero decirte es que me parece muy necesario que tengas bien localizados a los verdugos del ministerio.

—¡Verdugos del ministerio! —repetí, impactado por el llamativo enunciado.

Asintió con la cabeza mientras aclaraba:

—Auténticos ejecutores capaces de convertir en despojos florecientes ministerios. Es fundamental que los conozcas para poder combatirlos.

Guardé silencio convencido de que el anciano los enumeraría, y no me equivoqué. Sin apartar sus ojos de los míos, parecía llevar la cuenta con los dedos.

—Poner el foco en la obra de Dios más que en el Dios de la obra. Poner la «m» de ministerio por delante de la «m» de matrimonio —arrastraba las palabras con dificultad, pero había intensidad en su mirada—. Preocuparse en complacer más que en influir. Anteponer mi gloria a la suya. Dar más importancia al poder que a la autoridad. Buscar lo espectacular antes que lo esencial —paró un momento para recuperar el resuello y enseguida concluyó—. Esos y otros errores están arruinando influyentes ministerios.

Asentí, reflexionando en la extraordinaria importancia de lo que acababa de escuchar, y él continuó:

—En realidad, la mayoría de estos verdugos no son otra cosa que un desajuste de prioridades. Demasiado a menudo damos más importancia a lo llamativo que a lo transformativo —dijo. Entonces hizo un silencio reflexivo, al que siguió su conclusión—: Hijo, un correcto orden en la jerarquía de los valores es un seguro de vida, no solo para el ministro, sino también para el ministerio.

Detuvo su discurso muy fatigado y cerró los ojos. Debió de pasar medio minuto antes de que asintiera varias veces con la cabeza y añadiera:

—En este caso, el orden de los factores sí que altera el producto. Lo altera muchísimo —su voz no pasaba del susurro; movió sus manos para dar énfasis a las palabras—. Pon mucho cuidado de establecer correctamente las prioridades. Más importante que deslumbrar es alumbrar... Transformar es más efectivo que asombrar. No pongas tu foco en la apariencia más que en la esencia.

De nuevo cerró los ojos y guardó silencio. Esperé varios segundos, pero me alarmó verlo respirar tan fatigado, por lo que salí de la habitación y busqué a Raquel para compartirle mis temores.

Ella regresó conmigo a la habitación, le miró y acarició con ternura su frente antes de besarla. El anciano se había sosegado y tenía sus ojos cerrados.

—Está dormido —dijo, arropándolo con la leve sábana—. El pobre se encuentra muy débil.

En las pupilas de la anciana danzaba una fina lámina de agua.

—¿Hay algo que podamos hacer? —inquirí.

—Orar y confiar —repuso, saliendo de la habitación—; hicimos todo lo natural, solo queda lo sobrenatural y eso no nos corresponde a nosotros.

—Pero es muy duro verlo tan agotado —musité mientras la seguía hasta el salón—. Él, que siempre ha sido tan vital...

—La somnolencia que notas se debe, al menos en parte, a los calmantes que me recomendaron administrarle; de otro modo sufriría mucho —dijo. Se había sentado en una silla y yo lo hice en otra, al otro lado de la mesa—. Los sedantes alivian el dolor, pero también le roban la vitalidad.

—Pero, ¿no fue posible detectar antes la enfermedad? ¿Por qué los médicos tardaron tanto en diagnosticarlo? —pregunté, muy consciente de que a estas alturas mi pregunta era inútil y, seguramente, improcedente, pero me costaba admitir que la medicina, tan avanzada, no pudiera hacer nada por mi viejo pastor.

—Primero se instaló en sus pulmones... —casi lo susurró.

—¿Perdón?

—El cáncer —concretó—, primero invadió sus pulmones y desde allí colonizó gran parte de su cuerpo. Estaba muy escondido —explicó—. Como una raíz sutil y perversa, se negó a dar la cara e hizo un trabajo subrepticio, velado, pero muy destructivo. Para cuando pudimos localizarlo ya se había extendido a demasiados órganos vitales.

—¿No lo notaban? —me costaba aceptar que no se hubiera alcanzado a tiempo—. Quiero decir, ¿no hubo síntomas que hicieran sospechar que estaba enfermo?

—¡Claro que los hubo! —quiso sonar firme, aunque fue triste como sonó—. Pero no supimos interpretarlos. Como acabas de decir, mi esposo siempre fue muy vital y toda su vida disfrutó de una excelente salud, por eso me extrañó la creciente fatiga que comenzó a sentir; se cansaba al realizar tareas que antes no le suponían apenas esfuerzo, pero tanto él como yo culpamos a la edad. Luego llegó una tos pertinaz, pero eso también era compatible con la acumulación de primaveras —dijo, incluso sonrió—. Es normal que con los años aparezcan achaques, ¿cómo íbamos a imaginar que aquellos síntomas fueran el aviso de un tumor alojado en los pulmones? Solo cuando en la tos brotó sangre nos alarmamos de verdad...

Un silencio cargado de presagios se instaló entre los dos. Sopesé varios segundos la conveniencia de expresar la duda que finalmente verbalicé:

—¿No se ha preguntado alguna vez por qué Dios lo ha permitido? —dije; no había juicio en mi pregunta, solo la necesidad de traer luz a un proceso que se me hacía difícil de aceptar—. Su marido es la viva personificación de la bondad... ¿Por qué a la gente buena le ocurren cosas malas?

—Un millón de veces me hice esa pregunta —reconoció—. Incluso, un día en el que mi ánimo se desmoronó, se la formulé a él: «¿Por qué Dios lo ha permitido?», le dije.

—¿Qué le respondió?

—No me contestó rápidamente. Durante un tiempo que semejó varias vidas permaneció con la mirada fija en un punto indefinido, como meditando. Luego habló para decirme: «No lo conozco todo con respecto a Dios… Son muchas las cosas que ignoro, pero hay un par de certezas irrebatibles. La primera: Dios es absolutamente sabio, y eso hace imposible que se equivoque en sus procesos. Si autoriza que algo llegue a nosotros, nunca será un error, ni un accidente, sino parte de un plan perfecto diseñado para un fin insuperable. La segunda convicción es aún más maravillosa que la primera: Dios es amor». En este punto, la mirada de mi esposo adquirió un brillo magnífico y siguió diciendo: «No es que Dios sienta amor, ni tenga amor, sino que ¡es amor! ¿Entiendes lo grandioso de esta verdad? —me preguntó con un gesto de triunfo—. El amor es su naturaleza y esencia; eso descarta que pueda dejarnos sufrir arbitrariamente o derramar una lágrima más de las estrictamente necesarias…».

—¿Su marido le habló de lágrimas estrictamente necesarias? —interrumpí—. ¿Acaso es necesario derramar lágrimas?

—Lo es —afirmó, tierna pero categórica—. ¿Nunca oíste que las lágrimas limpian los ojos, purifican el alma y son el mejor colirio para aclarar la visión? Lord Byron fue contundente al decir que se ve más lejos a través de una lágrima que por un telescopio.

Asentí, admirado por la sabiduría que impregnaba las palabras de la anciana, y la seguí escuchando con atención.

—Creo en la verdad del proverbio árabe que afirma: «Sol constante, sin lluvia, crea un desierto» —dijo, y a mí me pareció ver un arco iris alzándose sobre el agua que se mecía en su mirada—. Tienen que llegar esos días en los que el sol de la sonrisa da lugar a la lluvia de las lágrimas, porque eso nos humaniza, ablanda nuestro corazón y desarrolla empatía para con los que sufren.

—Su marido me lo dijo un día —recordé—: «Se precisan lágrimas para conocer al que consuela y es necesaria la enfermedad para descubrir al que sana».

—Así es —afirmó—. Todo es necesario, incluso el invierno helador... incluso la oscuridad; pero podemos tener la certeza de que nuestra noche no durará un segundo más de lo imprescindible. Los procesos de Dios, aunque en ocasiones resultan difíciles, están diseñados con hilos de amor y retazos de compasión. Nunca destruyen, solo construyen.

—¡Magnífico! —elogié su afirmación.

—Sanador, diría yo. Anclarme en esas verdades no ha hecho que la situación deje de doler, pero ya no carece de sentido. Si Dios está en control, solo nos queda confiar. Lo cierto es que todo este proceso —concretó—, ver la muerte tan de cerca, nos hace apreciar mucho más la vida. Ahora, cada día que despertamos juntos, lo recibimos como un maravilloso milagro.

La fe refulgía en sus palabras, como si una lámina de oro recubriera cada una de sus afirmaciones. Rememoré la frase que se atribuye a Albert Einstein: «Hay dos formas de vivir: la primera es pensar que no existen los milagros y la otra es pensando que todo es un milagro».

Pasamos de nuevo a la habitación de mi viejo pastor.

Dormía.

Su respiración era pausada y el gesto tan sereno y apacible que lo imaginé recorriendo esos luminosos corredores en los que el padecimiento se disuelve en vapores de paz y donde ya nada le robaría su vigor.

De camino a casa, dejé que lo vivido y escuchado se abriera paso en mi pensamiento. Había tanto en lo que reflexionar.

—¡Verdugos del ministerio! —exclamó María cuando, ya en casa, le referí las palabras de mi viejo pastor—. Suena apasionante.

—¿Sabes? —un velo de tristeza amortiguaba mi voz—. Cuando hoy salí de allí tuve la certeza de que se está despidiendo. Si le hubieras visto en su cama, tan cansado, sin apenas fuerzas para hablar... Dios lo está llamando...

—Pasa con él todo el tiempo que puedas —me urgió agarrando mis dos manos—. Acompañarlo ahora es lo menos que puedes hacer después de tanto como te ha dado. Además, tú también lo necesitas. No te preocupes por mí, tu sanidad es la mía y la cabecera del viejo pastor es un efectivo hospital.

Segunda
parte

Verdugos del ministerio

Trabajar en la obra de Dios descuidando al Dios de la obra

Al día siguiente, a pesar de ser sábado, me levanté temprano; intenté no hacer nada de ruido para no despertar a María. En realidad, apenas había logrado dormir durante la noche, solo descabezar breves sueños de los que me sacaban la imagen de mi viejo pastor y la preocupación por su precario estado de salud.

Entré en la cocina a prepararme un café. Mientras esperaba a que se encendiese el piloto que indicaba que la cafetera había alcanzado la temperatura y la presión adecuadas, mi pensamiento seguía ocupado en mi viejo pastor.

«Iré a verlo esta mañana», decidí.

Tomada la determinación, me sentí algo más tranquilo.

El piloto de la cafetera advirtió que estaba preparada, así que la puse en marcha y enseguida un hilo de líquido negro comenzó a precipitarse en la taza, a la vez que el reconfortante aroma inundaba la cocina.

Cuando duermo mal suelo levantarme con una visión pesimista de la vida, así que intenté hacer acopio de todo lo que pudiera ayudarme a disfrutar de aquel instante. Me senté bajo un rayo de sol, que me daba en la cara infundiendo calidez a mi rostro. Veía, a través del cristal de la ventana, el cielo azul, totalmente limpio después de una noche ventosa. Paladeé, apurándolo lentamente, el café humeante; un café de verdad, intenso, recio y cremoso. Mientras tanto, leía la Biblia; un hábito que él me inculcó. «Acude temprano a la Palabra —me decía con frecuencia mi viejo pastor—, los primeros pensamientos del día condicionan el resto de la jornada. Da las primicias a Dios y verás qué gran diferencia».

A las nueve y media, mientras degustaba mi segunda taza de café, llamé a Raquel para avisar de mi visita.

—¡Buenos días, Raquel! —saludé, respirando aliviado cuando levantó el auricular antes del segundo tono; era señal de que no dormía—. Espero no haberla despertado.

—No lo has hecho —me tranquilizó—. El otoño amenaza con robar pronto los amaneceres soleados, así que madrugo para no perderme ninguno. ¿También tú amaneciste pronto por eso?

—Para serle sincero, no. La verdad es que me despertó la preocupación por su marido. ¿Le incomoda si paso a verlo esta mañana?

—¡Por supuesto que no nos incomoda! ¡Claro que puedes venir! —su voz sonó agradecida—. Espero que no te importe acompañarlo en su habitación; sigue muy débil y no es probable que se levante.

Eran las diez y media cuando llegué.

—¡Hola, hijo! ¡Qué inesperada alegría! —me saludó, alegre y sorprendido, desde la cama.

—No le avisé de que venías —confesó Raquel—. Quería que tu visita fuera una sorpresa —dijo, y acercó la silla a la cabecera de la cama—. Siéntate, por favor, ¿quieres un café?

—Se lo agradezco, pero ya tomé dos esta mañana.

—Pues un zumo de naranja te vendrá bien —dijo, saliendo de la habitación y sin darme opción a replicar.

—¡Gracias por venir! —aprecié júbilo en mi viejo pastor.

—No tiene que agradecérmelo —le dije—, tenía muchos deseos de verle.

—Aunque ayer te marchaste sin despedirte... —acentuó la sonrisa para suavizar el reproche.

—Estaba usted dormido y no quise despertarlo.

—Lo sé, solo bromeaba —palmeó mi rodilla con cariño—. Pero no creas que he olvidado el tema que dejamos inconcluso, hoy no te quedará más remedio que escucharme.

—Será un placer —repliqué—. Estoy deseando conocer acerca de esos verdugos del ministerio.

El anciano se rebulló en el colchón.

—Es fundamental que los identifiques —me dijo—. En realidad, no es difícil distinguirlos. Hoy, sin ir más lejos, recordaba una historia que escuché, qué sé yo cuando, desde luego que hace muchísimo tiempo. ¿Me permites que te la cuente?

—Me encantaría, pero ¿se ve usted con fuerzas? —pregunté, me preocupaba notarlo tan débil.

—Contiene un principio valiosísimo —dijo, ignorando mi pregunta. Recostó su cabeza en la almohada y aseguró—: Cuando ejerces el ministerio tienes dos opciones: o buscas la intimidad o te agotará la actividad. La historia ocurrió así:

Una joven le pidió al pastor que fuera a su casa para orar por su padre que estaba muy enfermo.

Cuando el pastor llegó a la habitación del doliente, lo encontró en su cama. Había una silla al lado de la cabecera, por lo que pensó que el hombre sabía que vendría a verlo.

—Me estaba usted esperando, ¿verdad? —le dijo. —No, no sabía que vendría —respondió el hombre. —Es que su hija me llamó para que orase con usted y cuando vi la silla vacía al lado de su cama supuse que sabía que vendría a visitarlo.

—Oh, sí, la silla —dijo el hombre—, le explicaré la historia de esta silla, pero, ¿le importaría cerrar la puerta?

El pastor, sorprendido, la cerró, y el enfermo comenzó a explicar:

—Nunca le he dicho esto a nadie, pero gran parte de mi vida la pasé sin saber cómo orar. En la iglesia escuché mucho sobre la oración, cosas tales como que es muy importante orar, los beneficios que trae..., pero todo eso siempre me entró por un oído y me salió por el otro, pues no tenía ni idea de cómo se debe orar.

Hace mucho tiempo abandoné por completo la oración y así estuve hasta hace unos cuatro años, cuando, conversando con un buen amigo, me dijo: «José, la oración es simplemente tener una conversación con Jesús. Así es como te sugiero que lo hagas: te sientas en una silla y colocas otra vacía enfrente; luego, con fe, miras a Jesús sentado delante de ti».

Eso me pareció algo absurdo, y así se lo dije a mi amigo, quien me respondió: «No es absurdo. Jesús nos dijo: "Yo estaré siempre con vosotros". Por lo tanto, tú puedes hablarle y escucharle, de la misma manera como lo haces conmigo ahora».

Una vez lo practiqué y me gustó tanto que he seguido haciéndolo todos los días desde entonces. Siempre tengo mucho cuidado de que no me vea mi hija, pues temo que si me viera hablando con una silla aparentemente vacía me internaría en el manicomio.

El pastor sintió una gran emoción al escuchar esto y le dijo a José que era muy bueno lo que estaba haciendo, y que no cesara de hacerlo. Luego hizo una oración con él, le extendió una bendición y se fue.

Dos días después, la hija de José llamó al pastor para decirle que su padre había fallecido. El pastor le preguntó:

—¿Falleció en paz?

—Estoy segura de que sí —respondió ella—. Cuando yo iba a salir de casa a eso de las dos de la tarde me llamó y fui a verlo en su cama. Me dijo lo mucho que me amaba y me dio un beso. Cuando regresé de hacer compras, una hora más tarde, lo encontré muerto. Pero hay algo extraño: antes de morir se acercó a la silla que estaba al lado de su cama y recostó su cabeza en ella, pues así lo encontré. ¿Qué cree que puede significar esto?

El pastor se secó las lágrimas de emoción y le respondió: «Ojalá todos nos pudiésemos ir de esa manera».

Mi viejo pastor me miró con intensidad.

—La silla no estaba vacía —afirmó—. Aquel hombre expiró con su cabeza recostada en el regazo de Jesús.

—Es una historia emocionante —repuse.

—¿Recuerdas lo que él dijo en Mateo 11.28? «Venid a mí todos los que estáis trabajados y cargados, y yo os haré descansar».

»Hijo, necesitamos esa silla cerca; servir a Dios es un inmenso privilegio que a veces pesa. Su yugo es fácil, pero el siervo es frágil. El ministerio que nos toca desarrollar se centra en las almas, en su restauración y redención. No conozco nada más gratificante... ninguna ocupación es más trascendente que afectar eternidades, pero el ejercicio de esta vocación puede resultar extenuante. Necesitamos la silla de Jesús cerca de la nuestra —fue casi un susurro, pero había determinación en sus palabras—. Aquellos a quienes ministramos son restaurados, pero, con frecuencia, el ministro termina agotado... Precisamos esa silla frente a nosotros —insistió—. Tener cerca el regazo de Jesús nos restaura.

Raquel llegó y me ofreció un vaso lleno de zumo de naranja y una servilleta. Luego tomó asiento en un taburete al otro lado de la cama. Mi viejo pastor siguió hablando:

—Prometí poner orden en el maremágnum de principios sobre los que hemos conversado; bien, pues a este le corresponde un lugar prioritario: *o buscas la intimidad o te agotará la actividad.* Uno de los verdugos más terriblemente efectivos del ministerio es lograr que pongamos nuestro foco en la obra de Dios más que en el Dios de la obra. La mayoría de las veces el enemigo no nos empujará a abandonar el servicio a Dios, sino que buscará desenfocar nuestra perspectiva mientras ejercemos ese servicio. Nos llevará a alterar las prioridades. Una de sus estrategias más letales es movernos a cocinar tanto para Dios que saquemos a Dios de la cocina, lo demás caerá por su propio peso... Relegada la intimidad, nos agota la actividad.

Lo repitió varias veces para que no cupiera la más mínima duda sobre la trascendencia del asunto. Luego añadió:

—¿Recuerdas a la buena de Marta? —preguntó, aclarando enseguida—: La hermana de Lázaro, de Betania. ¿La recuerdas?

—Una mujer activa y servicial que amaba a Jesús —apostillé.

—Así es —admitió—. ¿Puedes recordar las palabras con las que Jesús señaló la ansiedad que la invadía?

—«Marta, Marta —recordé las palabras del capítulo 10 de Lucas—, afanada y turbada estás con muchas cosas».

—¡Perfecto! —casi aplaudió mi viejo pastor—. ¿Qué le había ocurrido a Marta? —dijo, y él mismo respondió—: Cocinando para Jesús, sacó a Jesús de la cocina. Tan atareada estaba que la amargura ensombreció su ánimo. Acusó a su hermana y reprochó a Jesús su descuido: «Señor —recitó—, ¿no te da cuidado que mi hermana me deje servir sola?». ¿Te imaginas? —rio—. ¡Le enmendó la plana a Jesús!

—Sí, lo cierto es que tuvo un ataque de incontinencia verbal.

—Lo que tuvo fue un problema de saturación —corrigió mi viejo pastor—. ¿Puedes visualizar la escena? Marta está en una habitación preparando comida para Jesús, y en la estancia de al lado se encuentra Jesús, repartiendo manjares para el alma. Cocinando para Jesús dejó de comer lo que Jesús tenía para ella. Eso le hizo perder el enfoque. «Sólo una cosa es necesaria —le dijo Jesús—; y María ha escogido la buena parte». Es algo así como decir: «Lo que ahora tocaba no era la acción, sino la comunión. No es tiempo de cocinar, sino de sentarse a mis pies y alimentar el alma».

—Nunca lo había visto así —reconocí.

—Sé cuidadoso en el ejercicio de tu vocación y selecciona las cargas que admites. Hay tiempos hechos para la actividad, pero hay otros concebidos para la intimidad. No tienes que decir «sí» a cuantos reclamen tu atención, ni debes admitir todas las demandas de tiempo que sobre ti recaigan —me aconsejó, mirándome fijamente hasta estar convencido de que lo entendía—. No aceptes todas las cargas; no debes hacerlo... Por el bien de ellos y por tu propio bien, aprende a decir «*no*».

—Me resulta muy difícil —reconocí.

—Lo es —admitió—. Es muy difícil; pocas veces una palabra tan breve ha tenido tanto peso como «*no*». Es de las más complicadas de pronunciar...

—Siento que les defraudo —le interrumpí—; negarme a sus requerimientos me hace sentir muy mal.

—Recuerda que tu llamado es a cubrir necesidades y no a complacer caprichos —sonó determinante—. Involucrarte en todas las guerras no te convertirá en héroe, sino en cadáver. La excesiva presión mata la pasión y hace que el placentero servicio se convierta en agotador trabajo.

Dejó de hablar un instante, como buscando la siguiente parte de su discurso, y pronto continuó:

—Quiero añadir algo fundamental: hijo, si aprendes a descansar *en* el ministerio será menos frecuente que tengas que descansar *del* ministerio...

—¿Perdón? —no estaba seguro de haberlo entendido.

—A veces, extenuados, no nos queda más alternativa que hacernos a un lado y dejar de ministrar; he observado que la mayoría de las veces eso ocurre porque no supimos descansar mientras ministrábamos —dijo, para enseguida aclararlo—. Hay dos formas de ejercer la sagrada vocación: una es dar prioridad a la producción y la otra es priorizar la comunión. Lo primero implica anteponer la agenda a la Biblia: es la vorágine de la acción, implementación de programas, desarrollo de actividades, alimentar la enorme maquinaria de la iglesia... —dijo. Me miró fijamente para asegurarse de que le estaba siguiendo, y entonces repuso—: toneladas de programación y migajas de oración.

»La segunda opción radica en que la comunión envuelva, impregne y empape a la producción. No me refiero a una parálisis ministerial... No se trata de dejar de hacer; a lo que me refiero es a una certera actividad ejercida desde la intimidad; en este caso tomamos el corazón de Dios como plataforma desde la que actuar y eso produce renovación y frescura —continuó; el brillo en su mirada era magnífico—. Orar es acertar. Mantener una actitud de oración y comunión nos lleva a desplegar el ministerio desde el sosiego y la confianza en Dios. Así, nuestra vida de servicio será más larga y fructífera, ¡y también más efectiva!, porque, te lo aseguro, hijo, estar activo no garantiza ser efectivo.

—¿Cómo puedo lograrlo? —inquirí. Mi viejo pastor acababa de mostrarme una clave esencial y yo necesitaba saber cómo alcanzarla—. ¿Cómo consigo descansar en el ministerio?

—Ahí es donde interviene la silla de Jesús —respondió rápidamente—. La paz y el sosiego solo se consiguen impregnando la actividad de intimidad. A través de la oración conviertes el corazón de Dios en almohada, y esa quietud te renueva.

Meditó un instante antes de seguir:

—¿Recuerdas lo que Jesús dijo a su equipo más íntimo, en Juan 15.15? «Ya no os llamaré siervos... —contestó sin aguardar mi respuesta—, os he llamado amigos». Jesús los promociona, de la función a la relación. ¡Qué gran diferencia! El siervo está orientado a la acción; el amigo, a la comunión. El siervo pone su foco en la productividad; el amigo, en la intimidad. Jesús toma a sus más fieles colaboradores y los promueve de siervos a amigos. De ese modo dejó bien claro que más importante que laborar es amar.

Yo escuchaba atentamente. Cada palabra era néctar que yo bebía con deleite.

Mi viejo pastor cerró sus ojos; estaba cansado, muy cansado. Sin embargo, se rehízo, alcanzó su vieja Biblia y, casi con reverencia, posó su mano sobre la cruz dorada que decoraba la portada.

—La máxima intimidad se alcanza en la cruz. Allí, a la sombra del madero, descubrimos que sobre ese sagrado pretorio no queda nada más... No queda nadie más que él, y eso es suficiente —ahora había urgencia en su voz—. Regresa a la cruz; conviértela en colchón y en camino; en puerto de reposo y en senda de peregrinaje —asentía con la cabeza para reforzar las palabras—. Pégate a la cruz... Establece allí tu domicilio espiritual, porque en ella lo hizo todo... todo lo alcanzó... lo conquistó todo... Solo nos queda tomarlo.

Las sentencias quemaban en su corazón y necesitaba sacarlas, pero se cansaba, se fatigaba mucho al hablar. Miré a Raquel, que mantenía la mirada fija en él. El anciano continuó:

—Primero es la intimidad y luego la actividad...

Guardó un silencio prolongado, tanto que hice ademán de levantarme, entendiendo que nuestro encuentro de hoy había finalizado, pero él apoyó su mano izquierda en mi antebrazo con el toque más leve que jamás haya experimentado de alguien investido de autoridad. Lo siguiente casi lo susurró:

—Más aún, la sagrada intimidad dirige nuestra mirada a la adecuada actividad.

Cerró sus ojos y tendió su mano hacia mí; la tomé con cariño y observé que Raquel tomaba la otra. Entonces mi viejo pastor oró; elevó una oración a mi favor que logró conmoverme. No pidió por él, ni por su salud, solo por mí, por mi presente y por mi futuro. Arropó mis hombros con un manto de bendición que me hizo sentir tan confortado como quien se envuelve en una sábana de seda después de un duro día de trabajo.

Luego durmió.

Verdugo 2
Olvidar que a menudo la gracia viene envuelta en desgracia

A l día siguiente llegué a primera hora de la tarde y Raquel me condujo a la habitación donde mi viejo pastor seguía en cama y a pequeños sorbos bebía una infusión de manzanilla.

—¡Hola, hijo! —su voz denotaba más alegría de la que traslucía su débil gesto—. Ya lo ves, Raquel se empeña en que pase el día comiendo y bebiendo.

Y al decirlo miró a su esposa y le guiñó un ojo con cariño.

—Pero si eso es todo lo que has tomado hoy —replicó la anciana, aprovechando la ocasión para reconvenirle por su inapetencia.

—Es importante que coma —salí en defensa de ella—. De otro modo no tendrá fuerzas para levantarse de la cama y pasear por el jardín.

—Ahora que mencionas el jardín, lo tengo completamente abandonado —se excusó Raquel mientras salía de la habitación—, aprovecharé para sanearlo un poco.

Vivía anclada al lecho de su marido y le resultaba imposible atender lo elemental de la casa, por eso aprovechaba cualquier breve relevo para poner al día lo más esencial.

—¿Cómo se encuentra hoy? —pregunté a mi viejo pastor mientras tomaba asiento junto a él.

— Mi alma está bien, aunque el cuerpo se empeña en llevarle la contraria... —su mirada traslucía optimismo; todo lo demás, agotamiento—. Pero, gracias a Dios, el alma no me duele, porque no hay peor dolor que el del alma.

Por unos instantes dudé sobre la conveniencia de referirme a la conversación que había mantenido un par de días atrás con Raquel. Finalmente me arriesgué:

—Raquel y yo hablamos el otro día sobre la fatalidad de que su... problema —evité nombrar su enfermedad— no fuera diagnosticado más temprano.

—Ya —repuso—, cuando localizaron el cáncer en el hígado —lo dijo sin reparo ni aprensión— supieron que era metástasis, pero el tumor primario estaba demasiado escondido.

—¿Tumor primario? —inquirí.

—Sí —afirmó—. El cáncer primario aparece y, si no es detectado a tiempo, se reproduce en riñones, hígado, pulmones o en algún otro lugar; para entonces ya suele ser tarde...

—Pero, ¿por qué no fueron antes al médico? —lo interrumpí—. ¿Por qué no le hicieron más exploraciones o pruebas más avanzadas? Existe la medicina nuclear... Estamos en el siglo veintiuno...

La mirada con la que me enfocó chorreaba paz por los cuatro costados.

—Es lógico que tengamos interrogantes, pero todas esas preguntas son inútiles ahora —negó con la cabeza al decirlo—. Lo cierto es que llevaba tiempo sintiéndome mal, sobre todo cansado, pero nunca imaginé que algo así estuviera alojado en mi cuerpo. Después de ese obstinado agotamiento aparecieron escalofríos y accesos de fiebre, y más tarde comencé a percibir que mi mente estaba algo confusa, como borrosa, y aquel abatimiento se acentuó de forma alarmante —su discurso era cruento, pero las palabras que se escurrían de sus labios irradiaban serenidad en estado puro—. Un día me arrodillé para orar y luego no tenía fuerzas para incorporarme. Tuve que apoyarme en la mesa para, lenta y trabajosamente, lograr ponerme en pie. Al día siguiente fuimos al médico y me hicieron infinidad de pruebas antes de darme el diagnóstico: cáncer metastático en el hígado. Solo tras muchas indagaciones y otro sinfín de pruebas clínicas detectaron al culpable, al tumor primario que estaba escondido en los pulmones. Una noticia nefasta—dijo negando con la cabeza—, porque, con o sin quimioterapia, la esperanza de vida con un tumor de ese calibre no es muy larga. No he querido... —iba a decir, pero rectificó—, no hemos querido quimioterapia, deseo vivir en paz el tiempo que Dios determine.

El anciano guardó silencio y me miraba, como si esperase alguna palabra de mi parte, pero yo estaba demasiado conmovido como para hablar, solo tenía preguntas, y verbalicé una de ellas:

—¿Cómo logra mantener la paz sabiendo que dentro de usted hay algo tan... terrible?

Me miró por largo rato, palmeó luego mi mano con la suya y finalmente me corrigió:

—Eso tan terrible no está dentro de mí —sonrió—, tan solo está alojado en la carcasa, pero no en mi ser interior, ¿entiendes? Afecta al envoltorio, pero mi auténtico ser está intacto. Si entregase mi paz a este adversario, entonces sí estaría enfermo. He decidido no perder la paz...

Me miraba. Yo tan solo asentía.

—Déjame que te cuente:

....

Un maestro insistía a su discípulo una y otra vez sobre el sosiego. Conociendo que el joven había vivido ciertas decepciones que dejaron en él huellas muy marcadas, le insistía:

—Deja que tu mente se remanse, se serene. Silencia el griterío de tus temores, rencores, abatimientos. Es fundamental que perdones y liberes tu vida de resentimientos.

—Pero, ¿qué más? Preguntaba impaciente el discípulo.

—De momento, solo eso. No podremos avanzar si ese paso no está dado.

Y cada día exhortaba al discípulo a que se aquietase, perdonase, superando toda agitación y buscando la paz que es fruto de dar libertad al ofensor.

Un día, el discípulo, harto de recibir siempre la misma instrucción, preguntó a su mentor espiritual:

—Pero, ¿por qué consideras tan importante ser libre de rencores y resentimientos para encontrar el sosiego?

—Acompáñame, le pidió el maestro.

Lo condujo hasta un estanque y con un palo agitó sus aguas. Entonces, preguntó:

—¿Puedes ver tu rostro en el agua?

—¿Cómo voy a verlo si el agua está agitada? Así no es posible —protestó el discípulo, pensando que el maestro se burlaba de él.

—De igual manera, mientras estés agitado por el miedo, el resentimiento o el rencor, no podrás ver ni el rostro de tu yo interior ni mucho menos el rostro de Dios.

En la reconfortante quietud de la mente, cuando el griterío de los pensamientos es silenciado, brota la paz.

⋯⋯⋯

Calló mi viejo pastor y mantuvo su mirada en mí.

—Es hermosa la historia —repuse.

—Cuando los temores, preguntas, y en especial los rencores y resentimientos, invaden nuestro ser, de inmediato nos roban la quietud, es imposible ver nuestro rostro y mucho menos el rostro de Dios —dijo con una voz que infundía ese sosiego—. Sin paz no hay creatividad. ¿Entiendes lo que quiero decirte? Sin paz no hay creatividad —repitió—. Cuando entregamos la paz, nuestra alma se llena de ruidos, nuestro corazón de miedos y nuestro altar de cizaña.

Asentí varias veces mientras meditaba profundamente en lo que acababa de escuchar. Tomando su Biblia, señaló con un largo índice indiscutible (le decía yo luego a María que ese índice larguísimo me recordó al mástil de la cruz) al texto que quería leerme.

—Escucha, hijo, lo que dice este versículo, Filipenses 4.7: «Y la paz de Dios, que sobrepasa todo entendimiento, guardará vuestros corazones y vuestros pensamientos en Cristo Jesús». ¿Te das cuenta? —interrogó— ¿Cuáles son las enfermedades más comunes de este alocado siglo?

—Pues… No sabría qué decirle —reconocí tras pensarlo por un instante.

—Las dos epidemias más temibles de nuestro tiempo son: problemas de corazón y falta de salud mental. Infartos de miocardio y trastornos mentales, ambos producidos, principalmente, por el estrés y la ansiedad. Esas son las patologías más comunes en el ajetreado siglo XXI —asintió varias veces con la cabeza. Al instante aseveró—: La Biblia garantiza que la oración protege el corazón y la mente… «guardará vuestros corazones y vuestros pensamientos» —recitó.

Escuchándole me daba cuenta de que las palabras de mi viejo pastor no tenían solo conocimiento; contenían, además, sabiduría, una forma de conocimiento, pero mucho más depurada, refinada por la vida, y en especial por la vida vivida tan cerca de Dios y de los demás.

—La oración no es una opción, sino una absoluta necesidad. Si quieres que no te tumben los embates de la vida, enfréntalos arrodillado —dijo, aplicando una enorme firmeza a la última frase—. Es imposible caer cuando estás de rodillas.

Detuvo su discurso. Solo su fatigada respiración se escuchaba hasta que, finalmente, su voz quebró el vidrio del silencio.

—Hijo, un verdugo muy destructivo es pensar que la adversidad que atravesamos carece de propósito y sentido. Olvidar que, a menudo, la gracia viene envuelta en desgracia. Cuando ignoramos eso nos dejamos abrumar por el feo aspecto del envoltorio y despreciamos el contenido. En oración, postrados en oración —insistió—, es como extraemos la brillante gema del oneroso empaque, y de ese modo nos deslumbra el brillo de la gracia. Reconocer que la adversidad tiene sentido lo cambia todo. Cuando sufrimos el embate de la lucha, la enfermedad, la contradicción... y no le vemos un propósito, eso nos derrumba. Déjame que te cuente:

La estancia siguió llenándose con la voz profunda y reposada de mi viejo pastor:

El dueño de una tienda estaba clavando sobre la puerta un letrero que decía: «Se venden cachorros». Un niño se aproximó enseguida y preguntó:

—¿Cuánto cuestan los cachorros?

—Entre 30 y 50 euros —respondió el dueño.

El niño buscó en sus bolsillos y sacó unas monedas.

—Solo tengo 2,37 —dijo—. ¿Puedo verlos, por favor?

—El dueño sonrió y dio un silbido, y de la perrera salió Lady, que corría por los pasillos de la tienda seguida de cinco diminutas bolitas de pelo plateado. Uno de los cachorros se retrasaba considerablemente detrás de los demás.

—¿Qué pasa con ese perrito? —preguntó el niño señalando al cachorro que cojeaba rezagado.

El dueño de la tienda le explicó que el veterinario lo había examinado y había descubierto que no tenía cavidad del hueso de la cadera. Siempre estaría cojo.

El niño se emocionó.

—Ese es el cachorro que yo quiero comprar.

—No tienes que comprar ese perrito —le dijo el dueño de la tienda—. Si realmente lo quieres, te lo daré.

El niño se molestó un poco. Miró directamente a los ojos del dueño de la tienda y, señalándolo con el dedo, dijo:

—No quiero que me lo regale. Ese perrito vale tanto como los demás, y pagaré todo su valor. Así que le daré 2,37 euros ahora, y cincuenta céntimos mensuales hasta que lo haya pagado completamente.

—No comprendo que quieras comprar ese perrito —replicó el dueño—. Nunca va a poder correr ni jugar ni saltar contigo como los demás cachorros.

—En ese momento, el pequeño se agachó y arremangó su pantalón para mostrar una pierna malamente lisiada, retorcida y sujeta por una gran abrazadera de metal.

—Bien —replicó suavemente el niño mirando al señor—, yo tampoco corro muy bien, y el cachorrito necesitará a alguien que lo entienda.

....

La historia había terminado, pero no así mi viejo pastor, que concluyó diciendo:

—Extraigo dos enormes enseñanzas de esta historia: la primera es que la limitación física de ese niño, su cojera —concretó—, le había privado de ciertas cosas, pero le aportó otras realmente importantes, como por ejemplo la empatía, la capacidad de comprender a los que sufren. La gracia de convertirse en agente de consolación para otros vino envuelta en la aparente desgracia de una limitación física.

—Nadie consuela mejor a otros que el que conoce bien el sabor de las lágrimas —apunté.

—Exacto —afirmó mi viejo pastor—. «El hombre se descubre cuando se mide con un obstáculo». Así lo afirmó Saint-Exupéry, el autor de *El principito*, y creo que acertó en su reflexión. Lo segundo que flota en mi conciencia cuando pienso en ese niño que compró el cachorrito es que Dios no quiso adquirirnos gratis. Pagó un precio altísimo.

—Tiene usted razón —asentí—. Pagó un precio muy grande.

—Del tamaño de una cruz —remató Raquel, que había regresado de sus labores en el jardín.

—¿Sabes cómo se llama eso? —inquirió él mirándome fijamente.

—Gracia —respondí casi en un susurro—. Eso se llama gracia...

Mi viejo pastor asintió con la cabeza antes de incorporarse trabajosamente y pedir a Raquel que mullera las almohadas tras su espalda. Cuando ella se inclinó, él besó su mejilla con cariño y su sonrisa encendió mil luces en la tarde.

—¿Oíste que el medio más efectivo de torturar a una persona es desesperarla diciéndole: «Aquí no hay "porqués"»? Ese sinsentido ha tumbado preciosos ministerios. Pero, cuando captamos que lo que llega a nosotros forma parte del plan específico de Dios..., entonces comenzamos a ver la noche no ya como la enemiga, sino como el útero donde se gesta un nuevo día, y la esperanza nos hace permanecer firmes hasta el nuevo amanecer. De la fe y la esperanza extraemos las fuerzas necesarias para ajustar las velas de nuestro barco, evitando que el vendaval nos lleve a la deriva; por el contrario, las feroces rachas de viento nos acercan a nuestro puerto.

Verdugo 3

Desconocer que, ante los abismos de la vida, la cruz es nuestro puente

—**B**ueno, ya hemos hablado bastante de mí y de mi... problema —sonrió—. Es hora de ocuparnos de asuntos más serios, porque, ¿sabes, hijo?, si mi luz —dijo, pero rectificó—, si la luz que Dios depositó en mí puede seguir alumbrando en ti, me iré completamente en paz —declaró, manteniendo sus ojos en los míos—. Por eso comparto contigo el humilde conocimiento que se adhirió a mi piel a lo largo de la vida.

Giró su cabeza y noté que posaba su mirada sobre el retrato que presidía la pequeña mesita a la izquierda de la cama. Era la fotografía de José, el hijo que tuvieron durante demasiado poco tiempo; el niño que con once años falleció en aquel fatídico accidente; que entregó su vida en el asfalto de la carretera, sobre los brazos de mi viejo pastor.

Durante larguísimos segundos, el anciano mantuvo la mirada fija en el pequeño cuadro. Su respiración se agitó y aprecié que las aletas de su nariz se dilataban justo antes de que una gruesa lágrima rodara por su mejilla.

—Eso sí que estuvo a punto de romperme —susurró.

—¿Perdón?

—La partida de José —aclaró—. Logró robarme la paz, y por poco la vida.

Guardó un silencio cargado de aprensión que yo respeté. Tras sostenerlo durante unos segundos, lo rompió con su voz quebrada de emoción.

—Cuando él se marchó, me empaché de soledad. Tragué más de la que se consume en mil vidas —confesó; su mirada buscó algo en un punto indefinido—. Durante semanas recordé, minuto a minuto, la imagen de mi hijo roto sobre el asfalto y cubierto de sangre. A escasos metros humeaban los dos coches colisionados, uno de ellos era el nuestro. Y la imagen de mi cuerpo, tozudamente de pie, mientras mi alma mordía el polvo de un desierto ingente y solitario. Hasta que me agaché primero y luego me arrojé al pavimento. Arrodillado sostuve a José, viendo cómo la vida se le escapaba a borbotones... Me lo arrancaron de mis brazos, porque yo no quería soltarlo. Se fue la ambulancia, se fueron los médicos. Yo me quedé todavía un rato allí, mirando el lugar donde él estuvo tendido... Hasta que otra ambulancia me llevó a mí.

—Debió de ser duro...

—«Insoportable» es la expresión más adecuada —matizó—. Duro es ser huérfano de padre o madre, pero serlo de un hijo es insufrible. Nadie debería pasar por el trance de enterrar a un hijo... Nunca... No se trata de un rasguño, sino de una amputación atroz. Recordarlo aún me produce un escalofrío, aquel mar casi me traga. Mi vida fue una barca sacudida por la tormenta. Un frágil cascarón que se alzaba y caía, ingobernable en medio de la negrura. Nada me reconfortaba, ni la más remota esperanza. Era todo aridez, aridez absoluta...

—¿Cómo logró superarlo?

—Al principio intenté ignorarlo negándome a pensar en ello, pero eso es imposible. Alguien que se va de forma tan inesperada y prematura, en su ausencia se vuelve más presente todavía. Cada milímetro de nuestro universo queda invadido con su imagen —dijo. Su mirada pertinaz se mantuvo fija en mí mientras hablaba—: La muerte en sí misma no existe... Lo atroz de la muerte, lo que debería infundirnos miedo, son los recovecos de la vida a los que impone su estigma. Lo verdaderamente temible es lo que la muerte no se lleva; los vestigios que quedan aquí para recordarnos, hasta el fin de nuestra memoria, que aquel que murió estuvo con nosotros y ya no está. De pronto comprendes que, en los pocos años que has convivido con él, lo impregnó todo. Cada fragmento de suelo conserva su huella, cada molécula en el aire tiene su olor. Todos los lugares que Raquel y yo visitábamos nos gritaban algún recuerdo compartido con el pequeño José.

»Me encerré en casa convencido de que si mi hijo habría de volver a algún lugar sería a ese... Pero no regresó, y la soledad se convirtió en un manto de plomo que me asfixiaba. Solo, intensamente aislado, salvo por la compañía de la muerte que se había llevado mi posesión más preciada...

—Pero estaba Raquel...

—Pobrecilla —replicó con pesar—, porque, a fuerza de no querer preocuparla, dejé de contar con ella —confesó, negando con la cabeza varias veces—. No la valoré... no supe hacerlo... Ella, afligida por mi mudez, me acompañaba, pero hasta su compañía me hastiaba. Porque yo no podía explicarle lo que me estaba anonadando el alma. ¿Has oído hablar del extrañamiento?

—Nunca —reconocí.

—Durante el duelo por la pérdida de un ser querido, el aislamiento, el querer llorar a solas, es un signo normal, pero en ocasiones el deseo de estar solo es tan intenso que puede conducir a una forma enfermiza de identificación que se conoce como *extrañamiento*. Un retraimiento, una inhibición que se asemeja a «enterrarse en vida». Incluso de Raquel me aparté. Ella había sufrido el mismo golpe que yo y quedó desmoronada, pero lo encajó con fe y entereza. Viéndome destruido, se olvidó de su desgarrón para emplearse en mi herida. Se pegó a mí como una segunda piel. Tan cerca la tenía que no lo aprecié. Confinado en mi prisión de pesar, la abandoné y mi autoconfinamiento me hizo sentir abandonado. Mi viejo pastor tenía la mirada fija en algún punto indefinido. Siguió abriéndome su corazón:

—El desamparo tiene un sabor acre y se pega al paladar de forma persistente. Por las noches oía, escuchaba el silencio, que era un rumor sordo que torturaba. Eso me ocurría, el silencio se llenaba de ruidos, me parecía escuchar la risa de José, o su voz pidiendo agua, o las canciones que le gustaba entonar... sonidos evocadores que se hincaban en el cuerpo, y en el alma y también en el espíritu. Uno queda ensartado por ese tridente mortal. Así transcurrían horas infinitas, y días, y meses...

»Me abandoné. Comencé a dejar transcurrir los días entre la inactividad y los libros. Procuraba no pensar sino en lo que tenía al alcance de la mano. Luego dejé de pensar, solo me apetecía dormir. Las tareas más sencillas se convertían en una montaña. ¡Cómo llegué a comprender la frase de C. S. Lewis: «Nadie me había hablado de la pereza de la pena... Aborrezco aun el mínimo esfuerzo... incluso el de afeitarme»! Yo estaba preso. No hay palabra en que quepa mayor desolación. Quien lo haya estado no precisa que se lo explique, y a quien no lo haya vivido es inútil que trate de explicárselo. El transcurso lentísimo del tiempo, la confusión de los días y las noches, la soledad interior, el círculo de los recuerdos, que se enmarañaba alrededor de mi cabeza...

Calló de nuevo, y yo sentí que debía decir o hacer algo, pero nada se me ocurría. Las expresiones de condolencia que asomaban a mi mente me parecían todas ellas escasas, superficiales e insuficientes.

Por otro lado, sentí que su discurso afectaba a mis defensas emocionales. A punto de ensombrecerme el ánimo las nubes de la depresión, suspiré y opté por poner mi mano sobre su hombro y aplicar una ligera presión con sincero ánimo solidario.

—Lo peor eran los días especiales —continuó—, como el de su cumpleaños; el vacío y la separación se hacían insoportables. ¡Y las navidades! El primer año tras su partida no las celebramos, ni encendimos una luz ni colocamos una rama de acebo.

Pero el segundo año, en un esfuerzo sobrehumano por ir recuperando la normalidad, decidimos decorar un abeto navideño; siempre fue lo más esperado por nuestro pequeño José. A finales de octubre ya comenzaba a preguntar con deliciosa insistencia: «Papá, ¿cuándo vas a bajar del armario la caja con los adornos de Navidad?». Era frecuente que a mediados de noviembre nuestra casa ya luciera engalanada y oliera a fiestas por cada rincón.

Escuchando a mi viejo pastor, me pareció deliciosa la tenue luz de una sonrisa que chispeó en sus ojos con estos recuerdos.

—Cuando, en esa segunda Navidad —prosiguió—, tras la tragedia, decidimos abrir la caja de la decoración, los recuerdos fueron tan vívidos que nos parecía tener a José al lado. Su momento predilecto era el de decorar el árbol. Como a causa de su estatura no alcanzaba más que hasta la segunda rama más próxima al suelo, allí colocaba todas las estrellas y demás adornos. Pero no decoraba alrededor del abeto, sino en el punto justo en el que comenzaba su tarea —dijo, con un intento por reír, pero fue un sollozo lo que le salió—. Todos los aderezos y ornamentos quedaban juntos y amontonados en los veinte centímetros de árbol que había frente a la nariz del pequeño, mientras que el resto del árbol lucía desangelado, pero a José le parecía el mejor abeto navideño que jamás hubiera visto. Cuando Raquel reclamaba su ayuda para colocar algún adorno en otro lugar de la casa, yo aprovechaba y repartía por el árbol las estrellas y bolas brillantes que él había dejado amontonadas en una sola de las ramas. Al regresar junto a mí observaba atentamente el vacío. En silencio, tomaba adornos de la caja y volvía a colocar otra estrella en el lugar exacto del que yo la había quitado.

»Ese primer árbol de Navidad, después del desgarro, lo arreglé yo mientras Raquel decoraba el resto de la casa. Cuando concluyó vino a mi lado y observó el abeto, luego volvió hacia mí sus ojos inundados y me abrazó. Los dos lloramos delante de aquel árbol que lucía con todos los adornos amontonados en veinte centímetros… en las dos ramas más próximas al suelo.

Guardó silencio mi viejo pastor y volvió la mirada hacia la ventana. En ella se reflejó su rostro y pude apreciar el brillo de las lágrimas que lo surcaban.

Respeté el silencio y posé mi mano en su antebrazo. Con un sollozo que de tan hondo parecía un ronquido, llevó su mano derecha a la mía y la apretó.

Dejé pasar un rato. Le di tiempo para que se recompusiera.

—¿Cómo logró superarlo? —volví luego a preguntar en un tono de voz que se asemejó a un susurro.

—No se supera, solo se tolera —advirtió—. Hay heridas cuyas cicatrices duelen toda la vida. ¿Oíste que a un amputado de pierna, o de brazo, a veces le duele el miembro perdido? Algo parecido a eso es lo que ocurre. De repente te sientes preocupado por el ser que se fue, como un padre que, un viernes en la noche, se inquieta por la tardanza de su hijo. Te descubres preguntándote, ¿estará bien?, ¿reirá o llorará?, ¿estará en buena compañía?, ¿se sentirá feliz o triste?

»Sigue siendo tu hijo; ausente, es cierto, pero no dejas de pensar en él ni un solo instante.

—¿Logra vivir sin él?

Meditó durante un espacio de tiempo larguísimo, como si estuviese capturando las ideas y ordenándolas luego. Cuando creí que ya no hablaría, lo hizo, pero no fue para contestar a mi pregunta:

—Pasó esa Navidad y también el invierno. Los días entonces eran más largos. Cada vez anochecía más tarde... pero yo no lo soportaba. La luz del sol me recordaba que había gente en la calle, y que yo no quería salir. Me recordaba que llegaba la primavera, y que yo no quería escapar de debajo del edredón. Me recordaba que yo estaba vivo, pero que José, mi hijo, no lo estaba y que yo tampoco quería estarlo —reconoció el anciano mientras sus palabras se teñían de inmensa melancolía—. Mis horas, sin apresurarse en absoluto, resbalaban de puntillas; todas iguales. Llegué a pensar que los relojes de sol de los romanos tenían razón en su inscripción: «Todas las horas hieren; la última, mata». Cada tictac del reloj del salón era como una daga que perforaba mi alma.

»Desde niños se nos enseña que cuando nos damos un golpe o sufrimos una herida debemos ponernos una tirita, pero nadie nos enseña qué hacer cuando el golpe es en el alma. Las peores heridas no son físicas, sino emocionales, pero no sabemos qué hacer con ellas.

Pensé que mi viejo pastor se estaba derrumbando, pero, para mi sorpresa, su voz adquirió nueva fuerza para decirme:

—Hace cien años se extendió la higiene corporal a toda la población, y la esperanza de vida creció en un cincuenta por ciento. ¿Te das cuenta? Quizá es hora de que se nos enseñe higiene emocional y, sobre todo, espiritual, porque eso fue lo que a mí me salvó. Me preguntabas si logro vivir sin él, sin José... Finalmente sí. Creo que el paso definitivo llegó cuando dejé de mirar la negrura de aquí abajo y decidí alzar la vista. Cuando dejé de observar obsesivamente mi herida y decidí encontrar arriba la sanidad que precisaba.

—¿Perdón? —no entendí con precisión lo que intentaba decirme.

—¿Oíste alguna vez que los cielos más hermosos siempre corresponden a los lugares más oscuros?

—Lo leí —recordé—. Lo leí en una ocasión.

—Tú lo leíste, pero yo lo comprobé. Cuando mis ojos estaban tan hastiados de negrura que pensé que nunca más distinguiría la luz, decidí volver a vivir. Si observar el erial de aquí abajo me dejaba desolado, la alternativa era mirar hacia arriba y confiar. Lo hice y acerté; opté por alzar mis ojos al cielo y pude comprobar que la duda es un espeso túnel, pero la fe es una puerta que desemboca en la altura. Cuando la tierra se mostró hostil, el cielo se volvió amigo. No fue de golpe, claro que no. De una manera brumosa, como supongo que los peces ven desde sus abismos la claridad del sol, fui adivinando la luz que Dios mostraba más arriba, hasta que el lienzo oscuro de la noche se me antojó una cúpula de luz donde millones de estrellas se agolpaban. La noche dejó de ser la enemiga y se convirtió en aliada, brindándome el mapa para salir del infierno en que me hallaba.

Calló el anciano y me miró. Pero no tenía yo nada que decir. Su relato me parecía tan sagrado que no osé profanarlo con mi voz. Entonces continuó:

—Una tarde caí de rodillas sobre las losas grises y blancas del salón de casa. Cuánta tiniebla. No sé el tiempo que estuve clamando sobre el suelo. Luego, avancé, aún de rodillas, y me apoyé en el antepecho de la ventana, al hacerlo pude ver el cielo a través del cristal. Sobre la insondable lámina azul, dos nubes se confabularon para adoptar la forma exacta de una cruz. Lo miré por largo rato, hasta que el mensaje de esa imagen penetró por todos mis sentidos. Comprendí que quien murió en esa cruz también fue hijo... hijo único. Si alguien conoce el dolor que acarrea la pérdida de un hijo único es Dios mismo. Él sabía perfectamente lo que se siente, y al saberlo podía entenderme, y al entenderme podía ayudarme.

—Es maravilloso —susurré conmovido.

—Y sanador también —matizó el anciano—. Cuando creemos que el costo de seguirle es mayor que la recompensa, es que no hemos comprendido el costo real del sacrificio en la cruz. Dios sabe lo que es sufrir, y lo hizo voluntariamente... Solo le obligaba la ingente carga de amor que siente por nosotros.

Me miró el anciano, tal vez aguardando una reacción verbal de mi parte. Sin despegar los labios, plenamente conmovido, asentí dos veces con la cabeza. Entonces él continuó:

—Silenciosamente, el Cirujano Divino sacó hilo de fe y aguja de esperanza y unió nuevamente mi alma desgarrada... Suturó el corazón hecho pedazos. Esa cruz —precisó—: la cruz, se convirtió en una escala que me sacó del abismo.

»Un gran nudo de llanto me obstruía la garganta. Lloré; lo hice intensa y largamente hasta que el nudo se deshizo. Al incorporarme experimentaba un sosiego que hacía mucho que no sentía. Comprendí que desde la altura de mis rodillas había coronado una cima. Alguien me lo había dicho tiempo atrás —reflexionó—, o tal vez lo leí: si a causa del temor tiemblan tus piernas y estás a punto de caer, arrodíllate, porque es imposible caer cuando estás de rodillas. Si te sientes débil, arrodíllate, es imposible caer cuando estás de rodillas. Firmemente comprendí que la mejor forma de permanecer en pie ante los embates de la vida es enfrentarlos arrodillado.

»Pero entendí especialmente que la cruz había sido la mano que me alzó del abismo, el brazo que me alcanzó en el pozo más profundo y la escala que me aupó a la altura más sublime. Y allí, amparado en el sagrado pretorio donde él entrego su vida, comprendí que hasta ese momento estuve manejando una edición de bolsillo de Dios. Lo había reducido al tamaño de mi pena, pero él es más que eso... infinitamente más que todo eso.

»Esa noche volví a abrazarme a Raquel para dormir, y al hacerlo noté que ella se ciñó a mí con más fuerza. Por fin nos encontrábamos de nuevo, porque desde la tragedia habíamos estado reunidos, pero no unidos. Acunado, por fin, en la esperanza, dormí profundamente. Fue la primera noche, desde el desgarro, en que no tuve pesadillas. Creo que todas se fueron junto con las lágrimas de la tarde anterior. Al día siguiente me levanté renovado, me di una larga ducha y me afeité, dispuesto a recomenzar mi vida.

»Aprendí luego, antes no lo sospechaba, que del dolor salimos llenos de impulso. El dolor asumido, digerido, transformado en materia positiva y vital, nos depura y nos hace crecer. Sin embargo, si no nos apropiamos del dolor en todo su tamaño, este se enquista y se convierte en un tumor maligno que acaba con nosotros. Ahí está el equilibrio: nadie ha de detenerse más de lo imprescindible en su dolor. Hay que extirpar las áreas infectadas. Todo está bien y es necesario: las oleadas de calor y de frío, de aflicción y de júbilo, vuelven más ágil el alma en que se posan. Si todo fuera frío, viviríamos ateridos, si todo fuera sol, nuestro corazón estaría seco de compasión. Por eso, como te dije, es preciso asumir que a veces la gracia viene envuelta en desgracia. Un verdugo del ministerio es olvidar que en la cruz encontramos el puente capaz de salvar el peor de los abismos; la cruz es una escala que nos alza del pozo más profundo. Cuando posamos el pie sobre ese inmenso acto de amor, descubrimos que, si él acepto la muerte por nosotros, ¿cómo va a dejarnos ahora a la deriva en medio de nuestra tormenta? Cuando apriete la vida, aférrate a la cruz. Es nuestro refugio, nuestra esperanza… el definitivo recurso ante cualquier adversidad.

Mi viejo pastor hablaba con una fuerza inusitada, como desafiando al mal que le robaba la salud y la energía:

—La naturaleza me ha dado otra lección: cuando se llega al fondo, hay que apoyarse en él para saltar. A la entrada del monasterio de Subiaco dice: «Las estrellas no brillan sino en la noche oscura». En el momento en que más se cierra la negrura, aparece el primer balbuceante y estremecido rayo del sol. La hora más oscura de la noche es justamente la que precede al amanecer.

Ahora sí, guardó silencio. Enfocó su mirada en un punto indefinido y su perfil se me antojó sereno, como el de quien ha enfrentado la más cruel de las batallas y salió de ella invicto. Golpeado, malherido, casi destruido, pero vivo.

La serenidad teñía su rostro y proyectaba paz.

En eso estaba cuando me dijo:

—No confundas oscuridad con ausencia de luz —dijo. Hizo un silencio reflexivo, al cabo del cuál insistió—: No confundas oscuridad con ausencia de luz, porque hay noches fulgurantes y fenómenos luminosos que solo se dan en los lugares más sombríos. Cuando el sendero de la vida te sumerja en páramos lóbregos, aparta tus ojos de las tinieblas de abajo y levántalos al cielo. Mira al cielo y zambúllete en él... Bucearás entre luces.

—Gracias por hacerme partícipe de algo tan íntimo —le dije.

—Desde que él se marchó... —se detuvo un instante hasta que su emocionada respiración se acompasó—, desde la partida de José, y, notando que las fuerzas me abandonaban rápidamente, he pasado la vida esperando que apareciera la persona... una mano joven en la que depositar el testigo... Aquel lunes, cuando te vi parado en el umbral de esta casa, mi corazón dio un vuelco y supe que eras tú quien tomaría la antorcha para seguir la carrera... Me queda poco tiempo, debo transmitírtelo todo.

Calló un momento, en el que aproveché para posar mi mano sobre su hombro y con una ligera presión intenté transmitirle mi gratitud por su confianza. Tosió el anciano, como intentando desprender la emoción adherida a su garganta, y enseguida dijo:

—Creo que por hoy es suficiente —recostó la cabeza en la almohada y cerró sus ojos—. Me noto muy cansado, ¿vendrás mañana?

—¡Claro! —respondí rápidamente—. Si a usted no le importa...

—No faltes, por favor —rogó sin abrir sus ojos—. Hay muchas cosas que debo decirte.

De regreso a casa me senté en un banco y me entretuve a sopesar lo vivido y escuchado. A través de los resquicios que dejaban las ramas de los árboles, vislumbraba el tenue fulgor del cielo atardecido. Algunos rayos de sol se colaban hasta el suelo, dibujando en el aire oblicuas barras de luz. Las palabras del anciano resonaban en la bóveda de mi mente: «Ante los abismos de la vida, la cruz será tu puente. Pisando sobre ella cruzarás la sima y alcanzarás la meta».

Mecido por el recuerdo de esas palabras, respiré profundamente y me dirigí a casa.

Verdugo 4
Orientar el esfuerzo a complacer más que a influir

A l siguiente día lo visité después de comer. La tarde se asomaba por la ventana abierta del dormitorio, y era bellísima. Remontaba hasta nosotros el aroma casi empalagoso del jardín, tangible y denso igual que una caricia. Desde la cama, sin dejar de mirar al recuadro de cielo, comentó el anciano:

—Siempre soñé con vivir en un lugar apartado y reposado como este.

—La quietud y el silencio que aquí hay son maravillosos —recalqué.

—¡Qué importante es el silencio! —exclamó—. ¡Está cargado de mensajes! Hijo, es necesario que la vorágine del ministerio no te impida buscar tiempos de reposo —dijo. A continuación concretó—: A veces es imprescindible separar un día de retiro y desconectarte de todo para conectarte con él... ¿Lo hiciste alguna vez? —quiso saber—. ¿Tomaste días para apartarte a un lugar tranquilo donde buscar a Dios?

—Nunca —reconocí—. Varias veces pensé hacerlo, pero siempre me sentí incómodo, no sé... culpable...

—¿Culpable? —me miró intrigado—. ¿Por qué te sentiste culpable?

—¿Qué pensarán mis colaboradores si les digo que voy a tomar un día libre para ir al campo?

—Estamos hablando de apartarte con Dios —replicó con determinación—. ¿Acaso no recuerdas el consejo de Jesús a los suyos?
«Venid vosotros aparte a un lugar desierto, y descansad un poco»,
dice en Marcos 6.31. En ocasiones, lo mejor que podemos hacer por
ellos es sentarnos a los pies de Jesús, contemplarle y escucharle.

—Estoy seguro de que tiene razón —afirmé—, pero temo que la
mayoría no sabrá interpretar esos tiempos de retiro.

—Observo que te inquieta demasiado la opinión de los demás, y
eso es un pesado lastre. Estoy recordando una historia muy interesante.
Déjame que te cuente:

Un hombre fue a casa del sastre y se probó un traje. Mientras
permanecía de pie delante del espejo se dio cuenta de que la parte
inferior del chaleco era un poco desigual.

—Bueno, no se preocupe por eso —le dijo el sastre—. Sujete el
extremo más corto con la mano izquierda y nadie se dará cuenta.

Aún recostado en su cama, el anciano imitaba al protagonista de la
historia, estirando el extremo de su liviana camisa de pijama.

Mientras intentaba igualar la parte inferior del chaleco, el cliente
notó que la solapa de la chaqueta se curvaba en lugar de estar plana.

—Ah, ¿eso? —dijo el sastre. Eso no es nada. Doble un poco la
cabeza y alísela con la barbilla.

El cliente así lo hizo, y entonces vio que la costura interior
de los pantalones era un poco corta y notó que la entrepierna le
apretaba demasiado.

—Ah, no se preocupe por eso —dijo el sastre—. Solo tiene que tirar de la costura hacia abajo con la mano derecha y todo le caerá perfecto.

Con el discurrir de la historia, el anciano parecía cobrar vitalidad. Las palabras surgían cada vez con más fuerza; incluso desafiaba a su artritis gesticulando e interpretando magistralmente.

El cliente accedió a hacerlo y se compró el traje. Al día siguiente se lo puso, «modificándolo» con la ayuda de las manos y la barbilla. Mientras cruzaba el parque aplanándose la solapa con la barbilla, tirando con una mano del chaleco y sujetándose la costura interior del pantalón con la otra, dos ancianos que estaban jugando al ajedrez interrumpieron la partida al verlo pasar renqueando por delante de ellos.

—¡Oh, Dios mío! —exclamó el primer hombre—. ¡Fíjate en ese pobre tullido!

El compañero de juego reflexionó un instante y después dijo en un susurro:

—Sí, lástima que esté tan lisiado, pero… ¿de dónde habrá sacado un traje tan bonito?

No pude contener la carcajada cuando concluyó, y él rio con ganas también, aunque pronto la risa se convirtió en tos.

—Hijo —añadió después de beber un sorbo de agua—, sé que la historia es algo ridícula, pero nos enseña un principio esencial. Ignorarlo provocó serios daños en eficientes ministros…

—¿A qué se refiere? —pregunté intrigado.

—Un verdugo del ministerio es *orientar el esfuerzo a complacer más que a influir*. A veces queremos agradar a los demás a cualquier precio —explicó—. Nos cuesta decir «no» a quienes quieren cargarnos con «un traje» que no es de nuestra talla —asentía con la cabeza reforzando el consejo—. Se nos hace difícil expresar lo que en realidad pensamos o sentimos, por temor a que alguien se ofenda, y eso es como ir «lisiados» por la vida, reprimiendo nuestros verdaderos sentimientos y evitando ser nosotros mismos.

Posó su mano en mi antebrazo, como siempre que quería asegurarse toda mi atención, y prosiguió:

—Hay dos tipos de liderazgo: el de complacencia y el de influencia. El primero destaca por orientar el esfuerzo a complacer las expectativas de los demás; que estén contentos con nosotros y nos consideren atractivos, carismáticos y populares. Esa actitud es un auténtico verdugo del ministerio. Cuando nuestro objetivo es agradar a los demás, nos convertimos en sus súbditos. ¿Entiendes? Somos sus esclavos, porque sus deseos son para nosotros órdenes. El «no» fue uno de los mejores regalos que me hice; tardé mucho en descubrirlo —aseveró asintiendo enérgicamente—. Durante años fui incapaz de negarme a los requerimientos de los demás, pero algo cambió en mi vida el día en que fui consciente de que junto al «sí» poseía un «no», y que era necesario utilizar ambos. ¿Me entiendes, hijo?

Una atmósfera reflexiva llenaba la alcoba. *Hijo*. Insistía cada vez más en ese título íntimo, mientras la imagen de José flotaba en el ambiente. Recordé sus palabras: «Desde que él marchó estuve esperando la llegada de alguien a quien entregarle el testigo... Hijo», me decía.

—Trata bien a todos, pero no busques complacer a todo el mundo —su voz me sacó de mis reflexiones—, porque eso genera una tensión intolerable, y las cuerdas que están siempre tensas desafinan primero y finalmente se rompen.

—Es tan importante lo que me está diciendo...

—Sobre todo sé tú mismo, genuino y sincero —dijo. Estiró su mano derecha y buscó en el cajón de la mesita, junto a su cabecera, de donde extrajo un arrugado billete de diez euros y, tras estirarlo con ambas manos, precisó—: No conozco a ciencia cierta la clave del éxito, pero la clave del fracaso radica en intentar complacer a todo el mundo. Ni aun siendo dinero gustaríamos a todos —sonrió sacudiendo en el aire la moneda de papel—, no faltaría quien nos reprochase ser billetes de diez en vez de serlo de cien.

Cerró sus ojos el anciano, y el prolongado silencio me hizo pensar que había concluido, pero de nuevo me enfocó con su mirada y añadió:

—¿Qué es la cruz? —extendió su brazo y con la mano abierta abarcó la alcoba, donde la forma de la cruz estaba presente en todos lados: sobre las mesitas, colgada en la pared e impresa en las puertas de espejo del armario—. ¿Qué es la cruz? —insistió. Él mismo dio la respuesta—: Es el emblema, la enseña, el blasón de quien antepuso el cumplimiento de su misión a los deseos de sus seguidores. Ellos querían auparle a un trono, él optó por la cruz. En el trono habría obtenido la gloria, en la cruz alcanzó la victoria. No vino en busca de reconocimiento, porque tenía una meta más alta: la reconciliación del ser humano con Dios.

El discurso había sido largo. Mi viejo pastor, extenuado, recostó la cabeza en la almohada y cerró sus ojos para reposar, pero enseguida se rehízo.

—¿Crees que tiene sentido lo que te estoy diciendo? —inquirió; la seda de sus ojos me acarició en la pregunta.

—Mucho... Tiene mucho sentido —repuse.

A mi mente acudieron las quejas que varias veces había volcado sobre María en la intimidad: «Es imposible complacerles —dije, refiriéndome a determinadas personas de la iglesia—. Nunca están contentos». Ahora me daba cuenta de mi error: estaba demasiado interesado en que todos estuvieran complacidos. Dirigía mis esfuerzos a satisfacer mucho más que a influir.

Mi mente procesaba los importantes consejos del anciano. María me lo había dicho en uno de mis últimos episodios de decaimiento:

—¿Por qué no dejas de menospreciarte? —más que una pregunta era un ruego—. No somos perfectos, pero somos elegidos —añadió. Fue terriblemente... deliciosamente honesta al afirmar a continuación—: Tu matrimonio está sufriendo porque dependes demasiado de los vítores y aplausos. Vives en una montaña rusa de emociones, ¿no entiendes que las personas tienden a ensalzar hoy para denostar mañana? Si te dejas seducir por el anhelo de reconocimiento sufrirás un desequilibrio emocional tan pesado que terminará por aplastar nuestro matrimonio.

La voz de mi viejo pastor me trajo al presente:

—Todos deseamos la aprobación. Es algo lógico, pero debemos vigilar que el deseo no se convierta en necesidad. El beneplácito del resto no es malo, pero tampoco es imprescindible. Medir la efectividad de nuestros actos por el aplauso que provocan es una forma equivocada de hacer cuentas.

Gota a gota, con una quietud sedante, el néctar fluía por la compuerta de sus labios. No era conocimiento sino sabiduría.

—No desdeñes la opinión de los demás y acepta la crítica, porque puede orientarte en el camino a la excelencia.

—Luego, entonces, sí debo tener en cuenta las apreciaciones de los demás...

—Bueno, como alguien dijo, «Si una persona te dice que eres un camello, no le hagas caso; si te lo dicen dos, mírate a un espejo» —rio con ganas al decirlo—. Acepta la crítica, analízala y extrae de ella todos los nutrientes posibles, pero a la hora de fijar tu puntuación escucha a tu conciencia, ella te dirá si hiciste lo que debías y todo lo bien que pudiste —dijo. A continuación aplicó un énfasis especial a sus palabras para advertirme—: Y, por descontado, ni siquiera valores la opción de comprar la aprobación de terceros, porque de hacerlo habrás perdido uno de los dones más preciados que Dios nos concedió: la libertad —asintió dos veces con la cabeza antes de continuar—. A partir del momento en el que te sea imprescindible la aprobación del resto, serás esclavo, moviéndote por coacción y no por convicción. Ni quiero ser como el mundo ni quiero agradar a todo el mundo, mi meta, sueño y anhelo es ser lo que Dios me llamó a ser —sentenció. Detuvo en este punto su discurso para renovar el aire de sus castigados pulmones y me miró con intensidad al concluir—: Recuérdalo, hijo, solo tú puedes ser tú. ¡En el escenario de la vida sé tú mismo, el resto de papeles ya están ocupados! —exclamó. Ahora sí, había agotado sus reservas, pero hizo un esfuerzo extremo para añadir—: Orienta tu energía a influir y no a complacer.

Dejó de hablar, pero no de sonreír. Su respiración era agitada porque estaba exhausto, pero su gesto dulce era el envoltorio perfecto para los valiosísimos consejos que me había transmitido. Escuché que hay frases capaces de arropar el alma, ahora lo estaba comprobando. Las palabras de mi viejo pastor parecían confeccionadas con hilo de amor y retazos de compasión.

Cerró sus ojos y comprendí que era tiempo de dejarlo descansar. Presa de una infinita gratitud, besé su frente. Solo entornó los ojos y alzó levemente la mano en la despedida. Era evidente que estaba fatigado, pero aun desde la postración seguía regalando brillantes gemas de sabiduría.

De regreso a casa sentía como si un grueso alfiler hurgase muy cerca de mi corazón, era la certeza de que mi viejo pastor se estaba despidiendo. No me cupo duda de que se encontraba en la sala de espera, aguardando la definitiva llamada, y esta no tardaría en llegar. Por otro lado, diversas preguntas se convocaban en mi mente al calor de las reflexiones escuchadas: ¿cuántas veces imité al hombre del relato, caminando «lisiado» en un afán de que mi traje gustase a los demás? ¿En cuántas ocasiones hice lo que no deseaba hacer, simplemente porque los demás esperaban que lo hiciera? ¿Ejercía un pastorado de influencia o más bien de complacencia?

Supe, sin ningún género de dudas, que con demasiada frecuencia eran otros quienes estructuraban mi tiempo y organizaban mi agenda. Más a menudo de lo aconsejable, ordenaba mi día en función de las expectativas ajenas. Muchas veces sentí deseos de hacer lo contrario de lo que hice, pero siempre reprimí cualquier acto que pudiera interpretarse como falta de responsabilidad. Así que, vez tras vez, posponía mis deseos en beneficio de las expectativas de los demás.

Tuve la clara impresión de que mi actitud era equiparable a ir corriendo por el mundo preguntando aquí y allá: «¿Me quieres? ¿Realmente me quieres?». Concediendo, de este modo, todo el poder a las voces de afuera, y eso resultaba extenuante.

No, no era conveniente continuar así. El eco de la voz de Pablo reverberó en mi conciencia: «Todo lo que hagáis hacedlo de corazón, como para el Señor» (Col 3.23 RVC).

El día claudicaba cuando llegué a casa.

Con la vista fija en la roja esfera que perdía fuerza a medida que se aproximaba al horizonte, tomé la determinación de invertir mi esfuerzo en influir mucho más que en complacer.

«No es lo mismo servir que ser servil —había dicho el anciano—. Lo primero consiste en atender necesidades; lo segundo, en complacer caprichos. Por otro lado —había añadido—, ¿has pensado que mucho de lo que buscan en ti lo encontrarían si buscaran dentro de sí? Pero no lo hacen porque desconocen los recursos que poseen. Hijo, el mejor regalo que podemos hacer a otro no es compartir nuestras riquezas, sino revelarle las suyas propias».

—Aprenderé esta lección —decidí—. Quiero ser útil —lo dije en voz alta—. Quiero ser útil, pero no utilizado.

Verdugo 5
Exponernos a las personas en público más que a Dios en privado

E sa tarde llegué a casa de mi viejo pastor con una caja de bombones para Raquel.

—¡Qué amable! —exclamó sorprendida—. No tenías que haberte molestado.

—No es ninguna molestia —le dije—. Pero, para ser honesto, debo confesar que estos chocolates se los envía María, junto con sus disculpas por no poder visitarla. Ya sabe que su horario de trabajo es muy exigente.

—Lo sé —repuso, asintiendo comprensiva—. La pobre pasa muchas horas en su oficina.

—¿Qué tal está su esposo?

—Deseando verte —sonrió yendo delante y enseguida abrió la puerta del dormitorio—. ¡Mira, cariño! —dijo mostrando la caja de dulces—. ¡Nos trajeron bombones!

—¡Vaya! —dijo con alborozo—. ¿Cómo supiste que soy un goloso incorregible?

—Algo me hizo intuirlo —sonreí antes de abrazarlo.

—Prepararé café —dijo Raquel saliendo de la habitación— y tomaremos juntos estos chocolates.

Enseguida mi viejo pastor se incorporó un poco y acomodé las almohadas tras su espalda.

—¿Te importa si continúo poniendo orden en las claves principales que te he compartido? —me dijo, y de nuevo percibí apremio y urgencia en mi viejo pastor.

Más, al recordarlo con la perspectiva que el tiempo confiere a las cosas, me daría cuenta de que el anciano era consciente de que su viaje vital estaba próximo a verse interrumpido, y no quería dejar nada por decir.

—Es un privilegio seguir aprendiendo de usted —le dije con absoluta sinceridad.

—Otro verdugo del ministerio es *exponernos a las personas en público más que a Dios en privado*. Recuerda, hijo, que el hombre afina el instrumento, pero Dios afina al hombre.

—¿Puede repetir esa última frase?

—El hombre afina el instrumento —repitió pacientemente—, pero Dios afina al hombre.

—¡Es una clave magnífica! —aprecié.

—Servirle es un privilegio; hablar con él, una necesidad —afirmó categórico—. Nada puede sustituir al diálogo con aquel a quien representamos.

—La oración siempre ocupó un lugar importante en su vida, ¿verdad? ¿Qué encuentra en la oración?

Jamás presumió de ser un hombre de oración, pero su vida declaraba a los cuatro vientos que vivía pegado al costado de Jesús. No exhibía credenciales de espiritualidad, pero los resultados de esa sagrada comunión emanaban por cada poro de su piel.

—Esa fue exactamente la pregunta que le hicieron a una persona: «¿Qué ganas dedicando ese tiempo a la oración?». A lo que él contestó: «No estoy seguro de qué es lo que gano, pero déjame decirte lo que pierdo al orar: pierdo temor, inseguridad, decaimiento, egoísmo, rencor...».

»Hijo, a veces la respuesta a la oración no es lo que ganas, sino lo que queda allí, donde doblas tus rodillas.

Asentí varias veces con la cabeza. Mi viejo pastor continuó:

—¿Te ha ocurrido alguna vez que miraste al sol directamente y luego, aunque apartaste la mirada, el resplandor seguía estando en todos lados? Pues algo así, muy parecido a eso, me ocurre cuando oro. Al mirarlo a él, su presencia lo envuelve todo, y todo lo afecta para bien. Cada día me siento más dependiente de la comunión con Dios —dijo con firmeza— y créeme, no es presunción, sino pura necesidad. Cuando dejo el sol a mis espaldas, la sombra de un enano me parece un gigante, pero, cuando camino hacia él, todas las sombras quedan detrás.

Señaló a su entorno; a las cruces que inundaban el entorno, y dijo:

—La cruz me grita su amor, y lo demás viene por sí solo; un enamorado solo anhela estar con el objeto de su amor. Me atrae hacia él un magnetismo que ni puedo ni quiero resistir.

Meditó un instante, y me dio la impresión de que buscaba las palabras más adecuadas. Enseguida repuso:

—Pon cuidado en orar más que predicar. No es posible ser un buen orador sin antes ser un buen orante. Cuida más la relación con Dios que la exposición a las personas. Pasa más tiempo a solas con él que con la gente en público. De ese modo tendrás pan del cielo para los hambrientos y no te faltará agua para quien padece sed.

—Lo que dice es muy cierto —reconocí—, pero hay tanto por hacer que me resulta difícil detenerme a orar. Me gustaría poder pasar más tiempo en oración, pero no dispongo de ese tiempo...

Me observó durante unos segundos antes de preguntar:

—¿Cómo te comerías un elefante?

—¿Perdón?

—¿Nunca oíste ese dicho? —interrogó antes de repetir—: ¿Cómo te comerías un elefante? Y la respuesta es «mordisco a mordisco» —sonrió antes de continuar—. No intentes abarcarlo todo ni resolverlo todo. No pretendas comenzar con dos horas diarias de oración, pero imponte unos minutos y luego avanza paso a paso, cada pequeño logro significará una conquista, una pequeña victoria que, sumada a las demás, supondrá ganar la guerra.

—Debo hacerlo —repliqué—. Tengo muchos frentes que atender, pero debo hacerlo...

—Cuanto más se incremente tu actividad, más tendrás que cuidar la intimidad —me advirtió—. A mí también me ocurrió que cuando la intensidad de trabajo crecía el tiempo de oración decrecía. A causa de viajes, conferencias o periodos de intensa actividad en la iglesia, lo descuidaba completamente —declaró, y apretó sus labios en un gesto de preocupación—. Justamente en aquellos momentos en los que requería más fuerza espiritual descuidaba lo que proporciona esa fortaleza. ¿Te das cuenta? Sería equivalente a que un deportista de élite acudiera a los eventos más exigentes famélico y agotado. Algo así nos ocurre cuando descuidamos el entrenamiento espiritual en las etapas de más actividad. ¡Qué paradoja —exclamó, sacudiendo la cabeza algo perplejo— que la obra de Dios nos aleje del Dios de la obra...! Pon mucho cuidado para que eso no te ocurra.

Sus consejos tenían todo el peso que proporciona una vida dedicada a servir a los demás. Sus palabras no surgían de la ciencia, sino de la experiencia, y eso confería autoridad a su discurso.

—Las iglesias no viven de lo que sus pastores hablan, las iglesias viven de lo que sus pastores escuchan... de aquello que oyen cerca del corazón de Dios. Quien visita a Dios con su oración —añadió—, logrará acercarlo a la tierra en su ministración.

Precisó de una pausa para renovar el aire en sus pulmones, y enseguida retomó su discurso:

—La predicación tiene importancia, ¡claro que la tiene! —movió ambas manos para enfatizarlo—. Pero el pan de vida que se administra en la predicación requiere del trigo que crece junto al altar de la oración.

—Usted lo ha dicho —recordé—: no se puede ser un buen orador sin antes ser un buen orante.

—Es cierto —afirmó—. El sabor de tus palabras delatará la profundidad de tu vida. Hablar bien es un talento, pero ser emisario del cielo es un altísimo don que se adquiere con la divisa de tiempos de intimidad.

Eran sentencias lapidarias que quedaban registradas en el disco duro de mi memoria.

—Que nunca tu aspiración sea entretener mientras predicas —no era impositivo, sino suplicante, como sonaba su consejo—. No conviertas el sagrado ministerio en una exhibición de elocuencia. El objetivo supremo de la predicación no es divertir ni asombrar, sino transformar —declaró, y yo vi arder el fuego de la pasión al fondo de su mirada—. No les entretengas con historias, recuérdales La Historia. Predica la Biblia; como dijo Agustín de Hipona, las Sagradas Escrituras son cartas desde casa. Recuérdales esas cartas, y haz, además, que la cruz sea el corazón de tu mensaje —enfatizó. Ahora movía su cabeza arriba y abajo, afirmando—: Ampárate en la cruz y llámales desde allí. Que tu mensaje trace el camino al madero, porque a su sombra encontrarán renovación y transformación… Hallarán la vida.

»Y que el púlpito que ocupas desborde Biblia por los cuatro costados. Haz de la cruz el corazón de tu predicación. Otras anécdotas pueden sazonar tu discurso, pero no deben ser la médula de tu mensaje. Claro que debemos predicar de forma atractiva y relevante, impregnando las palabras en gracia y aderezándolas con pasión; si la Biblia es el libro más apasionante que existe, ¿por qué convertirlo en mortalmente aburrido por nuestra forma de exponerlo? Pero cuidemos mucho de no confundir el objetivo. No persigas la perfección, sino la redención. No busques reconciliarles contigo diciéndoles lo que desean escuchar, busca reconciliarles con Dios presentando lo que necesitan recibir.

»Precisamos púlpitos en los que ardan corazones inflamados de pasión. El mundo ya tiene muchos oradores de los que asombran; necesita con urgencia a los predicadores que transforman.

Las palabras fluían como un manantial. Verbos y adjetivos componían telegramas urgentes que no admitían dilación. El anciano hablaba con apremio, como temeroso de que el tiempo no diera de sí para lo que tenía que comunicarme.

—¿Te ha ocurrido alguna vez —inquirió— que escuchas a un profesional de la oratoria, que ocupa el estrado con imponente seguridad y con aplomo despliega los papeles; inicia el discurso plenamente confiado; cada gesto está ensayado y cada frase memorizada; todo está calculado para impresionar al auditorio, pero... —el anciano negó con la cabeza—, las palabras saben demasiado a tierra... falta aroma de cielo en ese incienso dialéctico? Estamos ante un magnífico orador, pero pésimo orante; un genio de la oratoria, experto en homilética, pero pésimo en rodillética —rio y me miró; yo lo alenté a continuar—. Pero, ¿alguna vez tuviste el privilegio de escuchar a una de esas personas que ocupan el púlpito con un respeto rayano en el temor? Tiemblan al subir y siguen temblando al hablar, pero, mientras susurran las primeras palabras, uno percibe que el cielo se hace presente. El frescor del cielo empapa los corazones y cala hasta el alma... Una vez más se cumple la promesa: «El poder de Dios se perfecciona en la debilidad». Puede faltar oratoria, pero el discurso chorrea oración. ¡Eso es lo que hace la diferencia! ¡Eso es lo que marca las vidas! El miembro de nuestro cuerpo que tiene capacidad de sanar las heridas más atroces no es la lengua... No lo es... Son las rodillas; con las rodillas hincadas en tierra, en adoración ferviente y reverente, acercamos sanidad, provocamos vida y encendemos luces en la noche más oscura.

En ese momento, Raquel entró a la habitación trayendo una bandeja e inundando la alcoba con el aroma del café recién hecho; la depositó en una de las mesillas, acercó una silla y tomó la mano de su marido mientras con la otra envolvía su brazo. Él la sonrió con complicidad y luego siguió hablando:

—Quien decida hacer su habitación junto al corazón de Dios tendrá acceso a confidencias que promoverán cambios de enorme calibre.

—¿Qué me recomienda que haga? —pregunté. Sus consejos eran medicina a mi alma y salud a mi ministerio.

—El secreto está en el secreto...

—¿Es un juego de palabras? —comenté, componiendo una expresión neutra.

—No, hijo, no se trata de un juego, sino de una poderosa clave —replicó pacientemente—. El secreto de la verdadera influencia está en el secreto de la comunión con Dios —prosiguió; su rostro acusaba el embate de la enfermedad, pero su sonrisa rezumaba vida—. Pégate al costado de Jesús y que su latido vital sea tu música, eso es todo lo que necesitas. Hay cosas que solo ocurren cuando se conversa con Dios, y hay cosas que jamás ocurrirán sin conversación con él —dijo, y entornó sus ojos en un gesto de ensoñación—. Mi tiempo predilecto siempre fue el amanecer; a veces él me despierta y acudo a la cita con deleite —confesó. Interrumpió la disertación para henchir sus pulmones y después de unos segundos concluyó—: Nada es tan importante como vivir cerca de Jesús.

—¡Qué hermosa reflexión! —elogié.

—Veo que os ocupan temas apasionantes, pero, ¿os parece que tomemos este café? —dijo Raquel—. Sería una pena que se quedase frio.

—Sí, por favor —asentí—, desprende un aroma irresistible.

—¿Lo tomas con azúcar? —quiso saber.

—Dos cucharaditas, por favor.

—Yo me conformo con estos dulces —sonrió mi viejo pastor.

Tomó un bombón de la caja, le quitó el envoltorio y, tras degustarlo placenteramente, inició, sin previo aviso, el relato de una historia:

Estaba tan maltrecho y desportillado que el subastador pensó que no valía la pena perder el tiempo con el viejo violín. Lo alzó en sus manos con una sonrisa en la que se percibía cierto desdén y preguntó casi con ironía.

—¿Qué ofrecéis por él?

—Diez euros —dijo una persona. Y se escuchó alguna que otra risa.

—¿Alguien da más? —interrogó el subastador, entendiendo que el asunto estaba cerrado.

En el fondo de la sala, un hombre de cabellos grises se incorporó y recorrió el pasillo acercándose al estrado. Ante la sorpresa de todos, tomó el viejo violín y lo limpió de polvo, tensó las cuerdas y, tomando el arco, comenzó a interpretar una melodía. Un admirado silencio llenó la sala y, en cuanto cesó la música, alguien gritó desde una esquina del salón.

—¡Treinta mil euros!

—¡Cincuenta mil euros! —gritó otro desde el extremo opuesto.

Sorprendido, uno de los presentes preguntó a la persona que tenía al lado:

—No lo entiendo, ¿qué hizo que cambiara tanto su valor?

—El toque de la mano del maestro —repuso el interrogado.

La voz de mi viejo pastor adoptó el tono de la confidencia:

—En ocasiones sentirás que tu vida está astillada, fracturada... rota; recuerda entonces que la calidad de tu melodía no radica en cómo te sientes, sino en las manos que tañen tus cuerdas —dijo, señalando hacia arriba mientras añadía—. Casi nada depende de mí, porque todo depende de él. En sus manos recobro mi genuino valor. Él sabe cómo sacar lo mejor de mí y me afina en la intimidad de la oración —prosiguió, para a continuación espetar—: pero eso requiere humildad. Asumir que nada ocurre gracias a mí, sino a pesar de mí y por la inmensa gracia de Dios, requiere humildad. Por eso el sabio Salomón advirtió en Proverbios 18.12: «Antes del quebrantamiento se eleva el corazón del hombre, y antes de la honra es el abatimiento». Sí, hijo, es preciso recordar que para dejar huella es imprescindible tener los pies sobre la tierra. No confundamos estar a disposición con ponernos de exposición.

A continuación, mi viejo pastor citó unas palabras dignas de ser rememoradas:

—Con frecuencia viene a mi mente una frase que por lo visto dijo Winston Churchil: «Un problema de nuestra época es que la gente no quiere ser útil, sino importante». Si ese era un problema en la época del mandatario británico —remachó—, temo que no ha cambiado demasiado en la nuestra. No sé si leíste el clásico, *La insoportable levedad del ser;* allí el checo Milan Kundera afirma: «Aquel que quiere permanentemente llegar más alto tiene que contar con que algún día le invadirá el vértigo».

Detuvo su discurso mi viejo pastor. Inspiró profundamente y luego concluyó:

—La manera de obrar de Dios es otra: Dios nunca ha elegido a sus siervos consultando las páginas de notoriedades. Pudiendo haber llamado a los más capacitados, prefirió capacitar a los llamados.

Ahora sí, miró a Raquel y ella vio el agotamiento dibujado en su rostro; era tiempo de descansar. Se incorporó ella y yo también lo hice. Mientras Raquel lo arropaba, mi viejo pastor me dijo:

—No lo olvides, hijo, un terrible verdugo del ministerio es exponernos a las personas en público más que a Dios en privado. El hombre afina el instrumento, pero Dios afina al hombre.

Verdugo 6
Soberbia: un atajo al abismo

Visitarlo a diario se convirtió en algo más que un hábito: era una ineludible necesidad. En la cabecera de su cama pude constatar que, mientras sus fuerzas se apagaban, su pasión se redoblaba; era un hombre casi extinguido, pero ¡Dios mío, cómo brillaba!

En su postración nunca descuidó la oración ni la lectura de la Biblia. El anciano oraba y leía, oraba y lloraba, oraba y escribía. Pero todo el tiempo oraba. Entrar en aquella estancia era como estar en la antesala del cielo; un algo difícil de describir pero imposible de ignorar caía sobre uno.

—Desde aquí me asomo al cielo —decía— y lo que allí veo me transforma.

Esa tarde fui antes del almuerzo y Raquel me recibió preocupada.

—No ha comido... y ayer no consintió en tomar nada en todo el día —comentó; ráfagas de inquietud agitaban la superficie azul de su mirada—. Por favor, dile que debe comer —me rogó—, tal vez a ti te haga caso.

Cuando llegué a su lado, el anciano permanecía acostado y tenía los ojos cerrados y sus dos manos levantadas.

—¿Interrumpo su oración? —me disculpé.

—¡Qué alegría verte! —exclamó, tendiendo sus brazos en ese gesto de bienvenida que derrochaba amor en dosis gigantescas.

Apenas hube tomado asiento, me dijo:

—Nunca pensé que la oración elevase tanto. Se ve más lejos desde la altura de la oración que a través de un telescopio.

—Terminará usted agotado —le reconvine con cariño—. Necesita alimentarse y reposar.

—¿Cansarme? —su gesto era de perplejidad, como de quien ha escuchado una incoherencia—. ¿Cómo podría si él me acuna con tanto amor? Y hambre, te lo aseguro, no tengo; cuando uno está lleno por dentro es muy poco lo que necesita por fuera. Pero sí —admitió—, la tarde es deliciosa, salgamos al porche y tomaré un vaso de leche, con la condición de que lo toméis conmigo —dijo, retirando la leve sábana que lo cubría—. Por favor, dile a Raquel que me ayude a levantarme.

—¿De verdad quiere levantarse? —pregunté, eso no lo esperaba— ¿No prefiere que se lo traigamos aquí? —insistí, preocupado ante su extrema debilidad.

—Eres muy amable —agradeció, palmeando mi hombro con gratitud—, pero hoy me encuentro fuerte y hace un día hermoso. Me vendrá bien tomar un poco el aire… Llama a Raquel, por favor.

En los ojos de la mujer se mezclaban alivio y gratitud a partes iguales.

Juntos almorzamos en el exterior. Preparó Raquel una ensalada y un jugoso pastel de carne del que conseguimos que también él tomara unos pedazos.

Después, mientras ella fue a buscar algo de fruta, mi viejo pastor se inclinó hacia mí y casi susurró:

—No se lo he dicho, aunque intuyo que lo sabe, pero mi maleta está lista y aguardo su llamada.

Recreó la mirada en el inabarcable campo que se abría ante nosotros y añadió:

—Amo a Raquel —asintió varias veces con la cabeza mientras lo repetía—. La amo con todo mi corazón y no deseo separarme de ella, sin embargo, Dios está tan cerca... me atrae con un magnetismo irresistible, y si la sala de espera es tan bella, ¿cómo será lo que me aguarda al otro lado de la puerta?

—Pero...

Quise replicar, pero él continuó:

—Aguardo, expectante, en la sala de espera. Percibo muy cercana la llamada de Dios, y cada vez más tenue el reclamo de la vida. Me siento en paz, es lo importante. Mirando atrás veo un surco abierto con arado de esperanza y rebosante de vida. Si es al frente adonde miro, solo veo el puente que me acerca al Amado.

Dejó caer su espalda en el respaldo de la silla e inspiró profundamente. Durante unos segundos, mantuvo silencio y paseó la mirada por el entorno. Con los ojos fijos en la encina centenaria, y como si hablase con ella, susurró:

—Y cuando miro a mi interior, también veo surcos: marcas del ministerio; algunas dolieron y aparecen muy marcadas, no fueron provocadas por un arañazo, sino por un fuerte desgarrón, pero ninguna fue estéril, todas alumbraron vida y trajeron enseñanza. Dicen, y creo que es cierto, que las arrugas de un viejo son renglones sobre los que escribió la vida o líneas de un pentagrama donde fue posándose la música.

No había resignación, sino gozo en sus palabras. Por cada paso que le acercaba a la muerte, daba diez hacia la vida. Se sumergía en Dios, y lo que allí veía le transformaba; y a mí también al escucharlo.

—¡Qué hermoso atardecer! —susurró contemplando el horizonte con gesto de deleite—. Hay que buscar tiempos como este. Necesitamos sosegarnos, porque en la quietud nuestras emociones se afinan y la vida se ordena. El mundo corre demasiado, hijo... demasiado.

—Es la era de la prisa —comenté.

—Yo diría que es, más bien, la era de la precipitación —matizó Raquel, que acababa de llegar trayendo un frutero bien surtido—. ¿Os dais cuenta de que hace tiempo una carta tardaba meses en llegar a su destino, pero hoy se recibe en un segundo?

—¿Y qué me dices de los viajes? —replicó mi viejo pastor—. Ya se vuela, de un punto a otro de la tierra, en aviones supersónicos, cuyo aparente propósito es despegar hoy y aterrizar ayer. Corren trenes a trescientos kilómetros por hora. ¡Yo no llamo viajar a semejante urgencia, yo lo llamo llegar!

—Es cierto —admití—. Es posible desayunar aquí y cenar en el extremo opuesto del planeta. Lo de la vuelta al mundo en ochenta días ha quedado obsoleto.

El anciano asintió con la cabeza al decir:

—Para mí viajar es desplazarse a un ritmo que te permita digerir y contemplar la ruta, no ignorarla. Entre el lugar del que parto y el que alcanzo hay muchos tesoros, y todos me interesan, pero temo que obsesionados con la meta olvidamos el camino, y la auténtica alegría no se encuentra en el destino, sino en el viaje.

Se detuvo un momento y llenó sus pulmones. Sus reservas de energía eran mínimas, pero su deseo de comunicarse muy intenso, así que continuó.

—Hay tesoros esparcidos en la senda, pero las mejores opciones que nos ofrece la vida son livianas y el viento de la urgencia se las lleva.

Le miré e interpretó mi atención como un deseo de seguir escuchando, así que, volviendo a posar la mirada en el horizonte, encadenó sentencias que movían a una profunda reflexión:

—Hijo, si quieres que tu ministerio sea largo y fructífero, administra tu tiempo con cuidado. No satures tu agenda con lo grave dejando fuera lo trivial. Dedica parte de tu jornada a reír. Intenta reír todos los días. ¿Te has fijado en los niños que llenan la plaza cada tarde? ¿Has visto cómo ríen y juegan? No te deshagas del todo del niño que hay en ti.

—Lo siguiente lo dijo con vehemencia—: No comprendo el fanatismo absurdo de quien quiere ser cien por cien hombre, porque, cuando desahuciamos al niño que hay en nosotros, en su maleta se van la ilusión, la capacidad de asombro y la pasión por seguir creciendo y aprendiendo. Qué pena matar al niño —dijo el anciano, puso su mano sobre mi antebrazo y me urgió—: pero ante todo no olvides el silencioso rincón de la cita divina, porque cuando crece hierba en el camino al altar, brota cizaña en el ministerio.

Raquel había quitado la piel a una naranja y la troceó sobre un plato, luego pinchó un pedazo y con evidente cariño lo llevó a la boca del anciano.

—El mundo tiene frío y necesita personas tocadas por fuego —replicó tras ingerir la fruta—. Sufre oscuridad y precisa lámparas encendidas. Fuego y luz solo se alcanzan en la intimidad con Dios.

Los segundos de silencio que mantuvo mientras masticaba otro pedazo de fruta me sirvieron para registrar sus poderosos consejos. Pronto reanudó su discurso:

—Es en la comunión con Dios donde nuestros pensamientos se aquietan y el turbión se detiene. Es en la intimidad con él donde nuestra vida se asienta y el futuro se define —dijo, se recostó en el respaldo de la silla y añadió—: ¿Afectar al mundo sin haber sido afectado por Dios? Es francamente difícil. Solo quien fue marcado por el cielo dejará marcas relevantes en la sociedad.

El sol ya se posaba sobre los árboles más altos, y el templado atardecer siguió llenándose con su voz profunda y reposada.

—Y el rincón de la oración es además importante porque de allí salimos más sencillos y humildes. Un vistazo a la majestad de Dios nos coloca en nuestro sitio; ante su gloria se nos caen las medallas del pecho y nos vemos como somos... ¿Quién puede pretender brillar al estar junto al sol?

—La humildad es la antecámara de todas las perfecciones —comenté.

—Veo que has leído a Marcel Aymé —repuso el anciano—. Coincido con el dramaturgo francés y creo, además, que la sencillez y la humildad son el mejor adorno que puede lucir una persona. Las personas verdaderamente grandes son verdaderamente humildes.

»Estoy recordando una interesante historia —dijo de pronto—, e inició su relato:

Cuentan que un rey fue hasta su jardín y descubrió que los árboles, arbustos y flores se estaban muriendo. Preocupado, comenzó a interpelarles para intentar averiguar qué les ocurría. El Roble le dijo que lo que le estaba matando era no poder ser tan alto como el Pino. Volviéndose al Pino, lo halló alicaído porque no era capaz de dar uvas como la Vid, y la Vid se moría porque le era imposible florecer como el Rosal. También el Rosal lloraba porque quería ser alto y sólido como el Roble.

Preocupado y triste, el rey siguió recorriendo el jardín hasta que ¡por fin! encontró una planta que se mantenía fresca y lozana; se trataba de una sencilla mata de Fresas, que florecía plena de vida.

El rey suspiró aliviado y preguntó:

—¿Cómo logras crecer saludable en medio de este jardín mustio y sombrío?

—No lo sé —reflexionó por un momento la planta. Finalmente concluyó—: Quizás sea porque siempre supe que cuando me plantaste lo que querías era fresas. Si hubieras querido un roble o rosas, sería eso lo que habrías plantado, pero si me plantaste a mí es porque deseabas que diera fresas, así que me dije: «Intentaré dar las mejores fresas que pueda».

....

—No intentes convencer al mundo de tu valía —dijo—, simplemente sé tú, en tu mejor condición y a total disposición, lo demás llegará por sí solo.

Aquellas palabras se posaron en mi alma con la suavidad de una pluma, mientras un aroma sedante impregnaba todo mi interior.

Abrió su gastada Biblia y con su dedo índice tocó varias veces sobre el capítulo 34 del Éxodo:

—Mira el versículo 29 —me urgió—, ¿ves?, dice que el rostro de Moisés brillaba cuando descendía del monte Horeb tras permanecer allí cuarenta días. ¿Por qué ocurriría eso? —preguntó, pero no aguardó mi respuesta—. Se cumplió una máxima ineludible: nos volvemos conforme a la imagen de aquel a quien adoramos. ¿Entiendes lo que intento decirte? —dijo; me sorprendió la urgencia que aplicaba a su discurso, como si nos fuera la vida en comprender ese principio—. Nos volvemos conforme a la imagen de aquel a quien adoramos —repitió—. ¿Has visto alguna vez a alguien que adora el dinero? ¿No te parece que su mirada lleva tatuada la codicia? ¿Miraste a los ojos de una persona locamente enamorada de otra? ¿Acaso no apreciaste el amor flotando en sus pupilas? Moisés estuvo adorando a Dios, y le miró tan de cerca que la sagrada imagen quedó grabada en sus retinas. Recorrió las praderas del cielo y la gloria del lugar lo impregnó completamente —prosiguió; la mirada de mi viejo pastor, pese a estar velada por una pátina de humedad, chorreaba convicción—. Es el resultado natural de un encuentro sobrenatural.

Se echó hacia atrás, recostándose en el respaldo de la silla; su respiración era agitada, como si hubiera corrido una larga distancia.

—Creo que ahora debes descansar —le dijo Raquel, acariciando su espalda con cariño.

—Sí —admitió enseguida—, me vendrá bien acostarme.

Me puse en pie para acompañarlo, pero me retuvo poniendo su mano en mi hombro.

—No, por favor, termina de comer. Raquel me llevará al dormitorio.

Del brazo de Raquel, comenzó a alejarse, pero como a tres metros se detuvo y, girando la cabeza sobre su hombro izquierdo, observó que le miraba.

—Hijo —habló tan bajo que apenas lo escuché, pero la gratitud iluminaba su rostro—, cuánto bien me ha hecho este rato en vuestra compañía. ¡Hasta habéis logrado que coma! —dijo. Se recostó en su amada Raquel y alzó la voz cuanto pudo para decirme—: No lo olvides, hijo, nos volvemos conforme a la imagen de aquel a quien adoramos. Si quieres que le vean a él en tu vida, mírale de cerca, recréate en su belleza y adórale, reflejarle será entonces algo natural.

Mientras los observaba alejarse, envuelto en la soledad de la tibia tarde, tomé la firme decisión de rendirme a Dios: *haré lo que es natural y dejaré que Tú, Dios, te ocupes de lo sobrenatural. Te entrego el timón de mi vida y ministerio. No seré el capitán: tú, Señor, eres la autoridad máxima en mi barco.*

Una deliciosa paz se escurría por mi sistema nervioso central, el eco de una frase leída, o tal vez oída, afloró en mi memoria: «Simplemente sirve posicionado en la humildad, pues desde esa magnífica plataforma serás capaz de alcanzar las estrellas». Y unida a esa frase llegó hasta mí la decisión del apóstol en 2 Corintios 12.6: «Si quisiera gloriarme, no sería insensato, porque diría la verdad; pero lo dejo, para que nadie piense de mí más de lo que en mí ve, u oye de mí». Enseguida, otro acertado consejo del mismo Pablo, esta vez de Romanos 12.3, resonó en mi memoria: «Cada cual ... piense de sí con cordura».

Quiero asimilar este principio, me repetía una y otra vez: **no confundas estar a disposición con ponerte de exposición.** Nuestro llamado no es a ser estatuas, sino pedestales que alcen a Aquel que ganó de forma legítima el lugar de preeminencia. «También por esto es importante el rincón de la oración —había dicho mi viejo pastor—, es la auténtica factoría de la humildad y el lugar que el Espíritu Santo prefiere para comunicar sus secretos más poderosos y efectivos».

Regresé a casa reflexivo.

El sol, declinando a mis espaldas, arrojaba frente a mí una sombra larguísima. Extendí ambos brazos y el perfil de mi cuerpo creó la sombra exacta de una cruz que se extendía, afilándose, hasta el infinito.

La brisa era casi húmeda y muy reconfortante. Me deleité en el dulce momento mientras meditaba en la importancia de la clave que había recibido: «Nos volvemos conforme a la imagen de aquel a quien adoramos».

Verdugo 7
Poner el ministerio por delante del matrimonio

A l día siguiente, varias diligencias me mantuvieron ocupado y llegué más tarde de lo habitual a la casa de mi viejo pastor.

—Temí que hoy no vinieras —me dijo con una mezcla de anhelo y alivio en su voz.

—Pues aquí estoy —contesté, inclinándome hacia él, que permanecía recostado en la cama, y lo abracé.

Rápidamente, como impelido por un sentimiento de urgencia, estiró la mano buscando casi a tientas en el cajón de la mesilla y extrajo un folio; el liviano papel, oscilando en el aire, delató el ostensible temblor en la mano del anciano.

—Lee esto, por favor —me pidió—. No me fue fácil tomar la decisión de revelártelo, pero sé que es necesario.

Tomé el documento manuscrito mientras le observaba con gesto inquisitivo.

—Se trata del relato de un error —me dijo.

Ahora mi rostro se vistió de extrañeza, mientras mi viejo pastor añadía:

—Uno de los muchos errores que cometí a lo largo de mi vida, pero que, gracias a Dios, supe enmendar a tiempo.

—¿De verdad quiere que lo lea?

Me daba la impresión de que aquel escrito se refería a un ámbito privado de la vida de mi viejo pastor en el que no tenía derecho a inmiscuirme.

—Léelo, por favor.

Su voz no dejó lugar a dudas, así que me concentré en el papel. La caligrafía acusaba el debilitamiento del anciano y cierta anarquía imperaba en el escrito. Las letras lucían desiguales y las líneas no eran rectas, pero el documento me cautivó desde la primera línea:

La tensión se palpa dentro del vehículo, y es tan densa que casi dificulta la respiración. El coche, desplazándose a gran velocidad, se asemeja a una olla a presión con la válvula del vapor cerrada. Sería sencillo liberar la presión que se acumula: un leve orificio abierto con el berbiquí de una palabra amable o una petición de perdón bastarían, pero nada de eso llega, por el contrario, la acidez impregna la frase que, como dardo emponzoñado, brota de la boca de él y ensarta el corazón de ella:

—Creo que lo nuestro fue un error.

—¿Lo nuestro? —interroga la mujer, suplicando que lo que cree haber entendido no sea lo que él pretendió decir.

—Nuestro matrimonio —sentencia.

—¿Fue un error nuestro matrimonio? —se siente como una tonta repitiendo las palabras de su marido, pero necesita que este desmienta la fatal afirmación. Lo necesita desesperadamente.

—Sí —él no se desdice, muy al contrario, se afirma.

—¿Te arrepientes de haberte casado conmigo? —inquiere, como dándole otra oportunidad. Le brinda una nueva ocasión de despejar la negrura que se ha cernido sobre ambos. Un simple «no» será suficiente y obrará como brisa purificadora, pero el mutismo que el hombre mantiene hace que las oscuras nubes se aprieten impidiendo filtrarse el más mínimo rayo del sol de la esperanza, y entonces se desata la tormenta: sobre las mejillas de ella se precipita un auténtico diluvio. También sobre las de él, aunque sabe disimularlo manteniendo la vista fija en la carretera para seguir manejando a gran velocidad... rumbo a la iglesia.

Así comienza otro domingo.

Él se siente cargado de razón: ¡cada domingo es la misma historia! Nunca salen a tiempo de casa... Siempre tarde y enfadados. No comprende que su esposa no haga nada por agilizar las cosas. ¡No pueden llegar tarde a la reunión dominical! ¡Es el pastor de la iglesia!

Ella también se siente cargada; no sabe si de razón o de culpa o de cansancio. De lo único que está segura es de no estar segura de nada. Tal vez podría dejar la casa manga por hombro. La vajilla sucia en la pila, las camas sin hacer... Todo por salir más temprano la mañana del domingo. O tal vez él pudiera prestarle algo de ayuda para arreglar lo esencial en la casa antes de salir..., pero no se atreve a pedírselo, él está concentrado en lo que ha de ministrar; no quiere estorbarlo.

Ahora llegarán al templo y su marido se convertirá en pastor. El amargo rictus que de continuo empaña su rostro se quedará en el coche y en su lugar lucirá la sonrisa con la que acaricia a cada miembro de la congregación.

Las manos que aprietan con furia el volante se suavizarán de golpe para volverse pródigas en caricias y los labios que actuaron de compuertas para un raudal de agua amarga se tornarán en fuente de cariño para todos..., para todos menos para ella.

Terminada la reunión y de vuelta a casa, el pastor volverá a ser marido y a su rostro retornará la torcida mueca que a ella tanto le entristece.

Y no se trata de hipocresía, desde luego que no. Ella sabe que su esposo es genuino, y sabe además que no es voluntario el gesto adusto que empaña su semblante. Todo es fruto de la carga que pesa sobre sus hombros. Pastorear aquella iglesia es un inmenso privilegio que a veces se convierte en peso intolerable.

Llegan a su destino cuando faltan cinco minutos para que dé comienzo la reunión. Él aparca precipitadamente y corre hacia la capilla. Ella se queda en el coche; llora limpiándose aún con rabia las lágrimas calientes que rebosan de sus ojos.

—¡Ojalá pudiera ser una más en la congregación en vez de ser su esposa! —casi lo grita—. Daría cualquier cosa porque me tratara a mí igual que trata a cualquier miembro de la iglesia.

···

Sentí que aquel papel que sostenía en mis manos echaba sangre. sin retorcerlo siquiera, bastaba con sacudirlo levemente.

Levanté los ojos del escrito y los enfoqué en el anciano; me miraba intensamente, como sopesando el efecto que la lectura había causado en mí.

—¿Es usted? —le interrogué con incredulidad, señalando con el índice de la mano derecha al papel que sostenía en mi izquierda.

Sin dejar de mirarme, asintió dos veces con la cabeza.

—¿El pastor de este relato es usted? —insistí.

Mantuvo su mirada en la mía y, sin romper el silencio, volvió a afirmar con su cabeza.

—No me encaja... usted no puede ser el protagonista de esta historia...

Volvió a asentir dos veces antes de decirme:

—Es el relato de lo que durante demasiado tiempo fue un domingo típico para Raquel y para mí —suspiró y luego tosió—. Como te dije hace unos días, quiero que identifiques a los verdugos del ministerio. Uno de los peores… Uno de los más destructivos, tiene que ver con la familia. *Nunca pongas la «m» de ministerio por delante de la «m» de matrimonio* —meditó un instante; parecía valorar la conveniencia de seguir. Finalmente dijo—: Hubo un tiempo en el que no fui para Raquel un esposo pastor, sino un pastor esposo.

—¿Perdón? —no estaba seguro de haberlo entendido bien.

—Alteré el orden de dos oficios principales: esposo y pastor. Antepuse el segundo al primero y Raquel pagó las consecuencias —confesó, señalando al folio que aún sostenía mi mano—. Haber leído eso te ayudará a no caer en el mismo error.

Había lágrimas en los ojos del anciano, y sentí que con ese llanto no trataba de obtener el perdón de Raquel, que sabía concedido de antemano, sino el suyo propio, que era mucho más difícil de lograr.

—Durante el tiempo en que mantuve ese espantoso desajuste, Raquel me pidió cien veces que lo corrigiera… Incluso envuelta en llanto me lo suplicó, pero ignoré su pedido… incluso sus lágrimas ignoré.

—¿Cómo… cómo ha dicho?

—Hijo, lo has oído perfectamente. Ignoré sus lágrimas —admitió; con sus dos manos, y con nerviosismo, sobaba el embozo de la sábana y allí mantenía fija su mirada—. Enjugaba tantas en la iglesia que al llegar a casa no tenía fuerzas para seguir consolando.

Se acomodó un breve silencio entre nosotros, un silencio que me pareció cargado de pesar, por lo que quise dedicarle algunas palabras de descargo:

—Pertenece al pasado —le dije—. Esa vivencia pertenece al pasado —insistí—, usted no es así.

Alzó la mirada para hablarme a los ojos:

—Ejerce tu ministerio con responsabilidad, pero nunca a costa de tu matrimonio. No antepongas tu función a tu relación. Lo que has leído corresponde a una etapa en que el ministerio se antepuso al matrimonio —dijo, y me miró con intensidad—. Todo mi tiempo, planes y estrategia estaban orientados a la iglesia. Quería ser un buen pastor y no supe hacerlo compatible con ser un buen esposo. Quería edificar una iglesia y no supe conjugarlo con edificar un hogar. Convertí a la iglesia en hogar y rebajé mi hogar a la categoría de casa: un lugar donde comer y dormir, pero no estaba allí mi corazón. No fui justo con Raquel. Ella llevaba toda la carga de la casa y yo le exigía, además, máxima implicación en la iglesia.

Calló un momento, como reuniendo la determinación necesaria para remachar:

—No caigas en ese mismo error. En tu escala de valores, Dios debe tener la preeminencia, eso es indiscutible, pero el siguiente puesto le corresponde a tu matrimonio. ¿Recuerdas lo que te dije hace unos días? Los verdugos del ministerio... Pon mucho cuidado en que la «m» de matrimonio vaya siempre por delante de la «m» de ministerio. Mantén bien ordenadas las prioridades, porque, desequilibrado esto, todo comienza a desestabilizarse.

Guardó un silencio expectante, como calibrando mi grado de receptividad a sus consejos. Me miró y yo mantuve su mirada asintiendo. Entonces continuó:

—Una de las mayores credenciales de tu ministerio será tu matrimonio. La salud de tu matrimonio determinará la salud de tu ministerio.

»Y los hijos... cuando Dios os los dé, recuerda que necesitan atención, cuidado, protección. Requieren de tiempo y tiempo de calidad.

—Sí —afirmé—; es doloroso ver a hijos que sintieron que el ministerio les robó a sus padres. Muchos terminan por cuestionarse si Dios es realmente amor, al ver que la obediencia a su llamado hizo que ellos perdieran a sus padres...

—Pero ¡cuidado! —me interrumpió—, porque he visto a siervos de Dios íntegros, fieles y sabios en el reparto de su tiempo, culpándose porque sus hijos toman otro camino que les aleja de la cruz. Algunos hombres y mujeres dejaron el ministerio torturados por esa culpa. Asumir todo el peso de las decisiones que toman nuestros hijos es un error. Esa carga termina por romper nuestra espalda. Por supuesto que nos corresponde hacer cuanto esté a nuestro alcance por mostrarles el camino hacia la cruz. Nos corresponde dar ejemplo y dispensarles provisión, cuidado y atención. Hecho eso, solo nos queda orar y confiar —aconsejó; en este punto se detuvo para asegurarse mi atención. Solo entonces me dijo—: No juzgues nunca a un padre por causa de sus hijos. Vi a padres íntegros cuyos hijos eligieron el camino equivocado...

La llegada de Raquel interrumpió el curso de la disertación.

—Tanta conversación os habrá dado sed —dijo, llenando la estancia con su voz alegre y con el aroma a naranja recién exprimida—. Esto os refrescará.

Al depositar la bandeja en la pequeña mesita reparó en los ojos aguados de su esposo.

—¿Te encuentras bien? —inquirió; preocupada, se sentó a su lado y arropó con las suyas la mano derecha de su marido—. Dime, ¿te ocurre algo?

Me miró el anciano e interpreté su mensaje.

—Su esposo me dio esto.

Extendí la hoja a Raquel y ella la tomó de mi mano.

—Conozco el documento. Es un relato hermoso, aunque me hace llorar cada vez que lo leo —rio al decirlo.

Pese a ello, se ajustó sus gafas e inicio la lectura. Enseguida alzó la vista y sus ojos se encontraron con los del anciano; tras unos segundos, volvió a tomar la mano de su esposo, mientras con la otra sostenía el papel en el que volvió a concentrarse. Mantuvo la mirada en el folio por mucho tiempo, hasta mucho después de haber concluido la lectura.

El anciano estiró el brazo y posó su mano sobre el hombro de Raquel. En la mirada que ella le devolvió no había el menor atisbo de rencor, ni siquiera recelo, solo amor en estado puro.

—Sabes que todo esto ya pasó —le consoló, acariciando la mano de su marido con fruición—. No vale la pena traer el pasado al presente. No fuiste culpable de nada, salvo de amar a los demás y querer ayudarles.

—Si Dios me regalara otra vida —casi susurró el anciano—, si pudiera volver a comenzar, pasaría más tiempo contigo.

—Lo sé, mi amor —dijo, y besó con cariño su mano—, también yo pediría exactamente lo mismo. Pero déjame que te recuerde lo que varias veces has predicado: «No olvides que tu coche tiene un parabrisas muy grande y un retrovisor muy pequeño, eso es porque lo que ocurrió ayer no es comparable a lo que te espera mañana». ¿Recuerdas esto otro?: «Quien constantemente trae su pasado a su presente, está envenenando su futuro» —recordó. Luego siguió recitando con prodigiosa memoria—: «Deja atrás las heridas del ayer para avanzar libre hacia las bendiciones del mañana. Con las grandes decepciones y con los errores cometidos, podemos hacer dos cosas: cargarlos toda la vida o sembrarlos y regarlos con el perdón. Si opto por lo primero, viviré arrastrando un mal recuerdo, si tomo el segundo camino, veré una cosecha de vida. Corta amarras con el pasado muerto. Si algo está muerto en tu vida, no mueras con ello» —dijo. Entonces le preguntó—: ¿Puedes recordar ese sermón que tú mismo predicaste?

Mi viejo pastor asintió varias veces, sin dejar de sonreír a Raquel. En el abrazo en que se fundieron después pude ver amor en dosis gigantescas.

A través de las vidrieras, el sol, por el oeste, me pareció una gota de oro ardiente que se deslizaba con rapidez hacia el alféizar del mundo.

Degustamos con placer el zumo de naranja y me quedé con ellos hasta que atardeció irremisiblemente tras las ventanas. Hasta que la luz fue un residuo más en la suciedad de aquellos vidrios, normalmente impolutos, pero que, a causa de la sobrecarga que Raquel acusaba ahora, se veían un poco descuidados.

El día se extinguía afuera a golpe de anochecer, pero no en el interior, donde un radiante amanecer nacía entre aquellos dos ancianos que hablaban y reían... Eran capaces de reír en el epílogo de la vida; alzaban la luz de su sonrisa sobre la negrura de una enfermedad que les robaba casi todo, pero que era incapaz de quitarles la fe y la esperanza. Sobre ellos, presidiendo el dormitorio, la cruz; tuve la certeza de que ese matrimonio estaba cobijado a la sombra de la cruz, y esa era la razón de la paz que mantenían ante el abismo de la enfermedad.

Cuando llegué a casa y María abrió la puerta, la abracé. La aparté luego un poco para observarla mejor y me deleité en la agradecida perplejidad que iluminaba su rostro. Volví a abrazarla y así estuve mucho tiempo mientras repetía:

—Te amo... te amo tanto...

Un principio innegociable se había grabado en mi lista de prioridades: primero Dios, pero luego la familia. Establecidas estas dos piedras angulares, todo lo demás encontraría su lugar, porque la salud de mi familia condicionaría inevitablemente la salud de mi ministerio.

Verdugo 8
Olvidar que mejor que ser su siervo es ser su amigo

Madrugué y, al abrir la ventana, descubrí una mañana otoñal extrañamente tibia y decididamente hermosa, demasiado como para gastarla entre cuatro paredes, así que opté por disfrutarla desde mi observatorio en el jardín.

Por el este, el cielo parecía arder mientras la roja esfera se alzaba incontenible y cúmulos de nubes la envolvían semejando el humo de un incendio. Sobre mí, el cielo era más limpio, de un purísimo azul que iba tiñéndose de rosa a medida que se acercaba al sol.

Todos los pájaros cantaban al día nuevo, confundidos y juntos.

Mientras sentía que mi adoración era mecida por la leve brisa, ingería y digería las palabras que mi viejo pastor me había dicho recientemente: «No confundamos estar activos con ser efectivos. Quien sirve a Dios debe recordar que, en ocasiones, el trabajo más urgente es deshacernos del trabajo para sumergirnos en la quietud renovadora de su presencia».

Afuera todo era silencio; no así en mi cabeza, donde las sentencias pronunciadas por el anciano parecieron convocarse todas para asaltar mi mente: «Ministrar desde la carne agota, siempre será extenuante y rara vez efectivo. Correr durante horas la buena carrera sin doblar las rodillas ni siquiera unos minutos es un atajo a la extenuación y al desenfoque, pero servir a Dios desde la comunión es otra cosa; cierto que el ministerio lleva aparejado un desgaste, pero en la intimidad con él nos renovamos».

No confundamos estar activos con ser efectivos.

La noche anterior, antes de acostarme, acudí al diccionario y pude ver que la Real Academia de la Lengua establece una clara distinción entre ambos términos:

- *Activo:* Que hace cosas.
- *Efectivo:* Que hace las cosas correctas.

La diferencia es enorme y viene a señalar que mejor que la febril actividad es apuntar a la efectividad. Un golpe dado a tiempo vale más que mil lanzados con ansiedad prematura.

A las diez y cuarto llamé a Raquel para conocer cómo se encontraba su esposo y si era adecuado ir a visitarlo.

—Pasó la noche regular —me dijo con tono de disculpas—. Se quedó dormido casi al amanecer…

—Aproveche usted ahora y descanse —le dije, pues supuse que el insomnio del anciano la habría mantenido en vela a ella también—. Esta tarde me pasaré a verles si no tiene inconveniente.

—Por favor, no dejes de venir —pidió la buena mujer—, le ayudan mucho tus visitas.

Así que empleé el resto de la mañana en ordenar sobre el papel los últimos consejos recibidos del anciano:

—Hay cimas que solo se coronan desde la quieta adoración —me había dicho.

—Pero el ministerio requiere atención —repliqué un tanto a la defensiva.

En realidad, mi apelación iba más orientada a calmar mi conciencia que a contradecirle, pues la constante atención a la iglesia provocaba un clamoroso descuido a mi altar privado. Por eso insistí:

—Pastorear requiere enormes cuotas de tiempo. Hay que cuidar a las personas... tienen necesidades que requieren atención.

—Claro que hay que atenderlos —admitió pacientemente—. Pero, hijo, conviene que recuerdes que no es el ministerio lo que sostiene al altar, es el altar lo que sostiene al ministerio.

—Disculpe, no estoy seguro de entenderle —reconocí.

—Toneladas de acción y migajas de oración vaticinan el fracaso. Nuestra fuerza se renueva en la quietud y de allí... de la intimidad —concretó—, salimos catapultados a fructífera actividad. Creo recordar que fue A. W. Tozer quien lo dijo, pero, sea quien sea su autor, dio en la diana cuando afirmó: «Nuestra pureza, nuestra fuerza, nuestra piedad y nuestra santidad solamente tendrán la fuerza que tenga nuestra vida de oración».

Asentí, pero debió detectar vestigios de duda velando mi gesto, porque con un énfasis llamativo remachó:

—Ningún hombre o mujer serán más grandes que su vida de oración. Una iglesia nunca será más grande que su altar, ni estará más viva que este. La energía latente en ese altar determinará la vitalidad del ministerio —dijo. Me miró aguardando una respuesta, pero no había nada que yo pudiera puntualizar, así que remachó—: Cuando percibas la autoridad de Dios respaldando una vida... —empezó a decir. Se mesó la barbilla, como buscando la expresión más adecuada—. Cuando veas a alguien tocado con el fuego de la divina pasión, recuerda que el incendio tuvo lugar en la conversación privada con Dios. No se inflaman los corazones en la acción, sino en la oración. Si alguien resplandece en público es porque el fuego lo visitó en privado. Una vez inmerso en el fragor de la lucha, ya será imposible vestirte la armadura;

más vale que entres al campo de batalla bien equipado, y eso ocurre en la quietud de la oración. Hijo, no permitas que en la sagrada parcela de tu ministerio acampe el verdugo del activismo.

Así pasé la mañana, recordando sus sabios consejos y ordenándolos sobre el papel, pues no quería perder ni una gota del néctar que destilaban sus palabras. Luego, a primera hora de la tarde, fui a verles. Raquel me recibió en la puerta y cuando le pregunté sobre la salud de su marido se limitó a negar levemente con la cabeza.

No hubo sorpresas, el anciano guardaba cama y su aspecto no invitaba al optimismo. Sin embargo, en su tez, extremadamente pálida, mantenía, como cincelada sobre su rostro, una sonrisa que emanaba paz.

Viéndole tan débil, decidí hablar yo para evitarle el esfuerzo, y compartí con él mis reflexiones de la mañana. Me escuchó con atención, asintiendo con frecuencia. Celebraba las frases como si fueran mías, como si le resultaran nuevas, como si no estuviera yo reproduciendo lo que él me había transmitido en nuestros anteriores encuentros. Concluido mi relato, repuso:

—Tal vez oíste hablar de Brian Dyson...

—¿Perdón?

—Brian Dyson —repitió—, el directivo de la multinacional Coca Cola.

—Nunca escuché hablar de él —confesé.

—Trabajó en esa firma durante treinta y cinco años, ocupando varios cargos, hasta que en 1986 llegó a la presidencia de la compañía; sin duda, uno de los cargos más representativos en el mundo empresarial. Ostentó ese puesto hasta 1991, y cuando dejó la presidencia de la corporación pronunció un discurso llamativamente breve, pero cargado de sabiduría. Fíjate si fue corto —precisó— que soy capaz de recitarlo de memoria. ¿Quieres oírlo?

—Me encantaría —aseguré.

—Esto fue, más o menos, lo que dijo al despedirse de la corporación en la que desarrolló toda su carrera profesional y que presidió por cinco años:

Imagina la vida como un juego en el que estás haciendo malabares con cinco pelotas en el aire. Estas son: trabajo, familia, salud, amigos y vida espiritual.

Con gran esfuerzo y enorme pericia, las mantienes todas en el aire; enseguida comprobarás que el trabajo es como una pelota de goma, que, si la dejas caer, rebota y regresa, pero las otras cuatro —familia, salud, amigos y espíritu— son frágiles como el cristal. Si dejas caer una de estas, irremediablemente saldrá dañada e incluso rota.

Debes esforzarte por cuidar lo más valioso. Trabaja eficientemente en el horario en que corresponde hacerlo y deja el trabajo a tiempo.

Da el espacio necesario a tu familia. Cuida tu salud mediante equilibrado ejercicio, comida y descanso. Y sobre todo... cultiva el aspecto espiritual, que es lo más trascendental, porque es eterno. Los problemas no son eternos, siempre tienen solución. Lo único que no se resuelve es la muerte. La vida es corta, ¡por eso, ámala! Vive intensamente y recuerda:

Antes de hablar... ¡Escucha!

Antes de escribir... ¡Piensa!

Antes de criticar... ¡Examínate!

Antes de herir... ¡Siente!

Antes de orar... ¡Perdona!

Antes de gastar... ¡Gana!

Antes de rendirte... ¡Lucha!

ANTES DE MORIR... ¡¡VIVE!!

—¡Magistral! —elogié—. Y no me refiero solo al discurso, también a la prodigiosa memoria que usted tiene.

—Ya sabes que amo la lectura con pasión —recordó—. Toda mi vida fui un lector compulsivo, y cuando uno cultiva el hábito de leer y memorizar suele ser bendecido con la capacidad de retener largos párrafos, pero, ¿qué te parece la disertación del señor Dyson?

—Demuestra que no son necesarias muchas palabras para decir muchas cosas.

—Estoy de acuerdo contigo —asintió—. He escuchado discursos más largos y mejor estructurados, pero este telegrama de despedida nos mueve a una importante reflexión: priorizar es vivir.

Se detuvo un instante para recuperar el resuello y aproveché para recomendarle:

—Descanse un poco —dije, me alarmó verlo respirar con tanta dificultad—. No es necesario que siga hablando...

—Ya habrá tiempo de reposar —replicó casi en un susurro—. Y sí, necesito hablar más. Me has dicho que esta mañana reflexionabas sobre la diferencia entre estar activo y ser efectivo. ¿No es cierto?

—Así es —ratifiqué—. Pasé un buen rato dándole vueltas a ese principio que usted me transmitió.

—¿Recuerdas las palabras que Jesús dirigió a sus discípulos en Juan 15.15? —preguntó, pero, sin aguardar mi respuesta, las recitó—: «Ya no os llamaré siervos [...] os he llamado amigos». ¡Qué enorme diferencia! Al declarar eso, Jesús está llevando a su equipo de la función a la relación. De siervo a amigo. Creo que ahí radica la gran diferencia entre ser activo o efectivo.

—Discúlpeme, pero no estoy seguro de entender lo que intenta decirme...

—Te lo explicaré mejor: el siervo, por propia definición, será activo, hará cosas, pero el amigo no pone el foco en la acción, sino en la relación, y eso resulta mucho más efectivo.

—Ahora sí le entiendo —dije.

—No —replicó—, temo que no lo entiendes del todo. Un verdugo del ministerio es *dar más importancia a ser siervo de Dios que a ser su amigo*. Muchas personas, incluso personas que ocupan posiciones clave en el liderazgo eclesial, se conforman con llegar a ser camaradas, compañeros, colegas y siervos de Dios, pero eso no es suficiente.

Hizo una pausa e inspiró profundamente, como si los pulmones le hubieran requerido aire con urgencia.

—«Compañero» —continuó— deriva de compartir el pan, y es bueno reconocer a Dios como proveedor de nuestros alimentos, pero no es suficiente. «Camarada» proviene de compartir una cámara o habitación, y ¡claro que es positivo cohabitar con él en el edificio del hogar y de la iglesia! El término «colega» se refiere a compartir intereses y oficio, ahí radica lo de trabajar en los negocios de Dios; siendo esto bueno, no es suficiente. «Siervo» viene de admitir la posición de súbdito y trabajar para él. No es malo hacerlo —concluyó con un tono de voz alarmantemente débil—, pero tampoco es suficiente. ¿Qué título asignó Jesús a sus discípulos?

—Amigos —respondí. Y recité—: «Ya no os llamaré siervos [...] os he llamado amigos».

—Exacto —asintió—. Así como «compañeros» deriva de...

—De compartir el pan —interrumpí con la sola intención de que mi viejo pastor reposara de su discurso, pues me preocupaba verlo extremadamente vulnerable—. «Camarada» alude a compartir un espacio, «colega» a compartir oficio y «siervo» se refiere a trabajar para él.

—Eres un alumno fabuloso —repuso complacido.

—Tengo un maestro admirable.

Palmeé su brazo con cariño y me impresionó palpar su extrema delgadez. Percibí claramente el hueso recubierto por la piel.

Me sonrió levemente... débilmente.

—La palabra «amigo» deriva de «amor», ser amigo de alguien proviene de compartir con él amor —explicó—. ¡A ese nivel quería Jesús que llegaran aquellos que le servían! —su voz cobró inusitada fuerza—. Servirle por amor, ese es el secreto —concretó—. Solo el amor proveerá la fuerza necesaria para continuar sirviendo en los días sin sol y en las noches sin luna. Solo el amor nos dotará de energía suficiente para remontar las abruptas laderas del monte del servicio.

Calló mi viejo pastor y su silencio consiguió redoblar mi atención. Entonces me dijo:

—No lo olvides, hijo, es posible servir sin amar, pero es imposible amar sin servir.

—La frase que acaba usted de pronunciar tiene lo suyo…

El anciano sacudió la mano derecha como si acabara de quemársela al apoyarla en un perol ardiendo.

—¡Desde luego que lo tiene! —afirmó—. Podemos servir sin amar, pero es fácil que ese servicio se convierta en arduo trabajo, y provocará en nosotros desgaste, decepción e incluso resentimiento, porque, cuando falta el amor en lo que hacemos, las desilusiones que inevitablemente llegan… la falta de gratitud que con frecuencia se percibe; los reproches recibidos… todo eso provoca un profundo desánimo que, o es tratado con enormes dosis de comprensión, o se convierte en resentimiento. Pero cuando lo que nos une a él es amor… cuando somos sus amigos, entonces, de forma natural, buscaremos servirle. Será el resultado lógico e ineludible. De la relación saldremos catapultados a la acción. Y el amor que impregna esa actividad será el filtro, la esponja, donde quedarán prendidas las decepciones, desilusiones, ingratitudes y cualquier otro proyectil que venga dirigido a nuestra alma… La munición no alcanzará el objetivo, porque estamos protegidos por la coraza del amor.

Dicho esto, guardó silencio y cerró los ojos. Me pareció que dormitaba. Sus reservas de energía eran mínimas y necesitaba reponerlas descansando. Así que toqué su hombro levemente mientras le decía:

—Gracias por sus consejos, son medicina para mí. Duerma un poco ahora y mañana regresaré.

Entreabrió sus ojos apenas un resquicio.

—No te conformes con ser su siervo —el tono de su voz me conmovió hasta las lágrimas—. Sé su amigo. El siervo se orienta a la producción, pero el amigo a la comunión. El siervo persigue productividad, el amigo busca la intimidad. El siervo de Dios da prioridad a la agenda, el amigo prioriza la Biblia, y...

No llegó a concluir la frase; cadencia y volumen fueron extinguiéndose hasta quedarse dormido. Los sedantes que le aplicaban para atenuar el dolor vencieron a su deseo de seguir transmitiendo vida capturada en frases. Los medicamentos ganaban esa batalla, pero mi viejo pastor ganaría la guerra, porque sus consejos y principios trascenderían y seguirían afectando muchas vidas.

Me despedí de él con un abrazo que seguramente no percibió. La visita había sido breve, pero enormemente productiva.

Verdugo 9
Remar en muchos barcos y sostener demasiadas riendas

En el camino de regreso tomé asiento en un banco de piedra para reflexionar. Mi viejo pastor lo había dicho en el pasado y con frecuencia me lo recordaba: «Hijo, busca el sosiego de la comunión con Dios, porque no hay vida más vacía que la que está llena de movimiento desde la mañana hasta la noche».

Sus palabras tenían la capacidad de estimular mi mente llevándola a trabajar a un ritmo febril. Reflexiones y determinaciones se mezclaban en mi pensamiento formando una refulgente cadena: «Es cierto que hay tiempos en los que toca trabajar hasta la extenuación —me había recordado—, pero es muy peligroso convertir el activismo en nuestro estado natural. Amanecen días hechos para empuñar la espada en el fragor de la lucha, pero deben ir seguidos por otros en los que el pulido metal repose sobre el yunque del herrero para renovar su filo. El pescador sabe que hay tiempos de arrojar la red al mar y otros en los que toca extenderla en la arena y emplearse a fondo en remendarla. Cabalgar con mesura y prudencia es la forma más segura de llegar pronto».

Las palabras del apóstol hicieron eco en mi memoria reforzando la tesis de mi viejo pastor: «*Una cosa* hago...», declaraba Pablo en

Filipenses 3.13. «Sólo *una cosa* es necesaria...», corroboró el mismo Jesucristo en Lucas 10.42. «*Una cosa* te falta», le dijo Jesús al joven rico en Marcos 10.21. «No diez cosas, sino una —me había repetido mi viejo pastor en nuestro último encuentro—. Hasta siete veces aparece esta expresión en la Biblia. Todo y todos coinciden en la necesidad de priorizar, seleccionar y discernir cómo y en qué emplearemos nuestro tiempo y nuestras fuerzas.

»En la vida podemos hacer un número limitado de cosas. Es nuestra responsabilidad decidir cuáles nos corresponde hacer y luego emplearnos en hacerlas de manera genial. Lo mejor es concentrarnos en lo que nos toca hacer y decidir hacerlo bien; eso garantiza que no solo estaremos activos, sino que además seremos efectivos.

La tarde había caído y refrescaba; me incorporé y retomé el camino a casa mientras una idea iba tomando peso: *Me centraré en el propósito de Dios para mi vida. Debo concentrar mi energía en aquello para lo que fui llamado, y el secreto de la concentración está en la eliminación. Hay guerras que son legítimas, pero que no son mis guerras. Pensar que fui llamado a cruzar todas las puertas y atender todos los frentes es una sutil soberbia impregnada de prepotencia.*

Apareció de pronto una pregunta: «*¿Cómo discernir* mi lugar y el propósito de mi vida?».

A menudo me veía disparando en tantas direcciones que era imposible cobrar ninguna pieza. Lo malo es que ejercer de pastor multitarea me estaba desgastando. *¿Cómo lograr concentrarme en el propósito de Dios para mi vida?* Decidí que apenas viera a mi viejo pastor le haría esa pregunta. Seguro que él sabría orientarme.

Fue justo al día siguiente cuando le expresé mi duda. Ni dos segundos tardó en reverberar el consejo del anciano.

—La duda que me planteas es de vital importancia —admitió—. Alguien dijo que hay dos días de especial trascendencia en la vida: el día que nacemos y el día en el que descubrimos por qué y para qué hemos nacido.

Asentí y escuché.

—A la hora de descubrir el por qué, debemos escudriñar dos corazones, primero el corazón de Dios. ¿Recuerdas el juego de palabras del otro día?

—¿El secreto está en el secreto? —inquirí tras meditar unos instantes.

—Exacto —dijo. Enseguida añadió—: «Estad quietos, y conoced...» decía el salmista en Salmos 46.10. La oración nos aquieta, y entonces conocemos... La quietud otorga a cada cosa su verdadera dimensión y el valor justo, entonces es más fácil priorizar.

En este punto, la débil voz de mi viejo pastor cobró una fuerza inusitada:

—Orar es acertar —sentenció. Luego demoró en algún punto la mirada y pronto la enfocó en mí para concluir—: Nada es equiparable en rendimiento al diálogo reposado con Dios; los minutos de oración son sabia planificación.

—¿Quiere decir que en la oración descubriré cuál es el propósito de Dios para mi vida?

—En la oración, Dios te mostrará su agenda y su reloj —sonrió—. Te dirá el qué, también el cómo y además el cuándo. Ahora bien, después del corazón de Dios hay otro por escudriñar, el tuyo...

—¿El mío?

—Debes analizar tu latido vital, detectar el pulso de tu propio corazón, porque Dios te ha creado con un latido específico para un fin determinado —dijo. Enseguida concretó—: ¿Qué te apasiona? ¿Qué cosas aceleran tu pulso? ¿Qué habilidades tienes? ¿En qué función te sientes más cómodo? Son síntomas, señales, vestigios de la manera en que Dios te ha creado. Esos indicios conforman el mapa del tesoro, la guía para llegar a encontrar tu lugar y tu función.

»El ser humano es capaz de sentir interés por muchas cosas, pero pasión por muy pocas. Es posible experimentar atracción por diversos intereses, pero son muy pocos los que nos hacen sentir una pasión que nos quema y nos impele a perseguirlos. Eso que prende en nuestro interior un fuego apasionado es el auténtico propósito para el que fuimos creados. De niño yo quería ser astronauta, policía, médico y futbolista —recordó mi viejo pastor. Y rio para remachar—: Cuando crecí fue definiéndose el auténtico latido de mi corazón. Estoy convencido de que el hombre o la mujer que descubren el fin real para el que Dios los creó se convierten en seres irreductibles; si aplican su absoluta voluntad a ese fin, lo conseguirán, sin que valgan interposiciones ni obstáculos que traten de arredrarlos —dijo, y se mesó la barbilla unos segundos—. Un ejemplo de un hombre consumido por una pasión fue Bob Marley, uno de los grandes exponentes de la lucha contra la discriminación racial. ¿Oíste hablar de él?

—Sí, claro.

—Entonces —repuso— estoy seguro de que sabes que Bob Marley iba a dar un concierto el 5 de diciembre de 1976, en busca de promover la paz y la reconciliación nacional. Sin embargo, dos días antes del evento, el 3 de diciembre, Bob fue víctima de un atentado en su propia casa. Le dispararon en el pecho y en un brazo, a su esposa Rita en la cabeza, a su amigo Lewis Griffith en el estómago y el manager Don Taylor también fue herido. Los culpables nunca fueron identificados.

»Afortunadamente, Marley y los suyos pudieron recuperarse y, contra todo pronóstico, el día 5 de diciembre, dos días después del atentado, Bob subió al escenario y llevó a cabo el concierto. Cuando le preguntaron «¿Por qué lo haces?», simplemente dijo: «La gente que está tratando de hacer este mundo peor no se toma ni un día libre, ¿cómo podría tomarlo yo? —y a renglón seguido exclamó—: ¡Ilumina la oscuridad!».

»¿Entiendes que hay una pasión que hará que posterguemos todo por alcanzarla? A eso me refiero. Pero recuerda: todo comienza en la conversación con Dios.

El consejo del anciano coincidía con la advertencia bíblica de Isaías 30.15: «En descanso y en reposo seréis salvos; en quietud y en confianza será vuestra fortaleza».

—Y no debes olvidar —dijo, levantando su mano en un intento de captar mi atención— que el secreto de la concentración está en la eliminación. William Faulkner dijo que la sabiduría suprema es tener sueños y metas suficientemente grandes como para no perderlos de vista mientras se persiguen.

—Una sabia afirmación —repliqué.

—Para no perderlos de vista hay que mantener tozudamente el foco dirigido a ellos, y eso implica despejar la agenda de otras cosas que, sin ser malas, restarán concentración, tiempo y espacio.

—El secreto de la concentración está en la eliminación —repetí quedamente, y resueltamente también.

Verdugo 10
Gestionar el ministerio con poder en vez de con autoridad

En mi siguiente visita me llevé una enorme alegría cuando, contra todo pronóstico, lo encontré sentado en la mecedora del porche. Se balanceaba suavemente mientras Raquel, a su lado, movía con destreza dos largas agujas con las que confeccionaba una prenda de lana.

—¡Bienvenido, hijo! —su enérgico movimiento de brazos mostró una energía que su trémula voz desmintió.

—Estamos disfrutando de esta maravillosa tarde, porque no creo que el otoño nos regale muchas más ocasiones de gozar del sol —explicó Raquel acercando una silla e invitándome a tomar asiento.

—Veo que se preparan para la llegada del frío —observé, señalando a la bufanda de cuadros rojos y negros que iba tomando forma entre sus manos.

—Sí, el invierno es crudo en esta zona y a él le encanta pasear —acarició el brazo de su marido y él palmeó con la suya la mano de Raquel—. Con esta bufanda irá bien abrigado y podrá disfrutar del campo sin que su garganta padezca las consecuencias del frío.

Me conmovió la fe que traslucía el gesto de Raquel; todo indicaba que, salvo el milagro, mi viejo pastor no vería finalizar el otoño, pero ella preparaba el invierno junto a él. La máxima del escritor español Miguel de Cervantes flotó en la superficie de mi conciencia: «Fe es la virtud que nos hace sentir el calor del hogar mientras cortamos la leña».

—Te traeré algo para merendar —dijo Raquel haciendo ademán de dirigirse a la casa.

—Se lo agradezco, pero no tomaré nada. No interrumpa su labor, esa bufanda le está quedando preciosa.

Reinició su trabajo moviendo las dos largas agujas con una destreza asombrosa. Mi viejo pastor aplicó un leve balanceo a su mecedora y yo inspiré profundamente disfrutando del templado clima y de la belleza del entorno; iniciaba octubre y aún no habían comenzado a dorarse los árboles. Allí, a su lado, me daba la impresión de que no existía razón alguna para la ansiedad; su serenidad era contagiosa y el sosiego que transmitían invitaba a confiar plenamente.

Miré a mi viejo pastor y rememoré su comprensión al recibirme cuando lo visité en medio de mi gran crisis; el abrazo que me regaló aquel día me supo a gloria. Su ausencia de juicio fue sanadora: no me juzgó; ni siquiera cuando con frialdad le expresé mi decisión de abandonar el ministerio. Escuchó con atención y orientó su energía a sanar en vez de a enjuiciar, a restaurar en vez de a censurar. Como experto cirujano del alma, diseccionó mi corazón con bisturí de amor y logró distinguir que mi decisión de abandonar era síntoma y no traición; incapacidad y no irresponsabilidad. No vio en mí a un desertor, sino a un soldado herido. Con sanadora pericia, se concentró en combatir la infección y no en reprochar los delirios que la fiebre provocaba.

Esa sensibilidad fue un atajo a mi restauración.

—¿Sabe? —le dije—, durante mi crisis, lo que más me frenaba de venir a verles… Lo que dilató durante semanas mi primera visita fue el temor.

Su gesto, no solo el del anciano, también el de Raquel, fue de extrañeza.

—¿Temor? —ambos lo preguntaron casi al unísono. Fue ella la que concretó—: ¿De qué tenías miedo?

—De su juicio —expliqué—. Temía que condenaran mi decisión de no continuar... de dejar el ministerio.

Raquel adoptó un ademán de comprensión asintiendo con la cabeza, pero fue mi viejo pastor quien me interpeló:

—¿De verdad creíste que íbamos a juzgarte?

—Bueno, es lo que otros hicieron cuando les confesé que no tenía fuerzas para seguir adelante.

—Nunca podría yo hacer tal cosa —replicó con firmeza—. ¿Enjuiciarte? Dios me libre... Hay dos razones que me lo impiden.

Fueron mis ojos los que enunciaron la pregunta y rápido expuso esas razones.

—No podría —explicó—, porque yo mismo me encontré varias veces sin fuerzas. ¿Cómo cuestionar tu debilidad si yo también la he sentido? Haber pisado el abismo que tú pisas me ayuda a comprenderte.

—No juzgues la actitud de tu vecino sin antes haber recorrido dos millas dentro de sus zapatos —dijo Raquel—. Así reza un proverbio hindú.

—Así es —admitió mi viejo pastor. Luego añadió—: La segunda razón que me impide censurarte es que tú me importas más que la función que desempeñas. Lo que tú eres es inmensamente más valioso que lo que tú haces.

—Qué bien suena eso —exclamé.

—La verdadera tragedia no es perder un pastor, sino perderte a ti. La vacante pastoral será suplida, tú, sin embargo, no —dijo, con su índice, huesudo y trémulo, apuntando a mi corazón—. Quienes juzgan y condenan alegremente es probable que no estén preocupados por el siervo, sino por el servicio que este desempeña; tal vez estén dando más importancia a la producción que a la restauración.

Raquel asentía con la cabeza mientras me miraba con simpatía.

Hecho el silencio, se concentró ella en la bufanda y mi viejo pastor lo hizo en el exuberante campo que se abría ante nosotros.

Observándoles, se me antojaron muy afines. Escuché que la convivencia matrimonial genera a la larga un asombroso y acentuado parecido entre ambos cónyuges. Pero la semejanza en este caso no era fundamentalmente física. Apreciaba en ellos dos visiones casi idénticas y pasiones gemelas ardiendo en ambos corazones.

Me fijé en él; su gesto era muy humano, pero investido de autoridad. Pensé al mirarlo que, como sucede con los vinos de solera, son los años los que van prestando el mejor aroma y sabor a los afectos y sentimientos, son los años los que nos ayudan a encontrar la serenidad de ánimo. Recordé, observándolo, que cuando era niño la mirada de mi abuelo y de mi abuela me hacía sentir paz.

La voz del anciano me sacó de mi ensoñación:

—Otro verdugo del ministerio es *confundir autoridad con poder.*

Sin duda, aquella frase contenía un principio que no quería dejar escapar, por eso le miré con atención concentrada.

—Cualquiera que sea el ámbito de influencia que se nos haya otorgado —su voz bajó varios tonos, como si su reserva de energía se hubiera agotado, así que me incliné hacia él para lograr oírlo—, ya sea el de padres en el hogar, maestros en una escuela, pastores en una iglesia o presidentes en una compañía… cuando del cargo se escurre el amor, entonces el liderazgo se torna en mandato y la influencia en dictadura.

Su discurso llegaba alarmantemente débil. Casi dejé de respirar para escucharlo mejor. Raquel, detectando la debilidad en la voz de su marido, dejó a un lado la costura y tomó la mano del anciano entre las suyas.

—No necesita usted continuar —repuse preocupado.

Él inspiró profundamente y comentó:

—Sí, sí necesito continuar. Los líderes que precisan recordarles continuamente a los demás quién es el que manda, una de dos, o están llenos de temor o son realmente egoístas. Es frecuente, por desgracia, que quienes ejercen liderazgo, aun quienes lo hacen en nombre de Dios, confundan la legítima autoridad con el nocivo poder. Hay, entre ambos, una distancia abismal y determinadas diferencias clave.

Me miró con gesto escrutador y supe que iba a enumerar esas diferencias.

- **Poder** es la capacidad de forzar a alguien para que haga nuestra voluntad debido a nuestra posición o fuerza.

- **Autoridad** es el arte de conseguir que los demás hagan voluntariamente lo que deben hacer, debido a nuestra influencia personal.

- **El poder** radica en posición o en posesión. Si ocupas un cargo relevante en la organización, tienes poder; si dispones de un gran patrimonio, tienes poder.

- **La autoridad** reside en la persona; en su forma de ser, en los principios y valores que ostenta; en su capacidad de influir naturalmente en los demás.

- **El poder** se pierde cuando se cesa en un cargo o desaparece el patrimonio.

- **La autoridad** sigue con la persona independientemente de dónde esté, porque forma parte de ella. Pueden relegarla, desplazarla y hasta enviarla al último rincón, pero desde allí seguirá brillando. Mantendrá intacta su identidad y su capacidad de influir, ya que esta no reside en una posición ni en una posesión, sino en la persona, y por eso es imposible quitársela.

En definitiva, la autoridad del líder es una cuestión de sentir carga y no de codiciar cargo.

Decidí que tenía que escribir todo lo que acababa de escuchar, pues sin duda eran claves esenciales para el ejercicio de mi vocación.

Mi viejo pastor se había rehecho y seguía reflexionando:

—Pocas tiranías son tan destructivas como las que se disfrazan bajo un embozo de espiritualidad —un manto de autoridad revestía ahora su voz. Pese a la evidente fatiga, las palabras surgían impregnadas de convicción—. El autoritarismo ejercido en el nombre de Dios roba, mata y destruye, no solo el dinero, que eso suele ser recuperable, lo peor es que quita la ilusión, asfixia la pasión y mina la fe hasta límites terribles, y estas pérdidas muy a menudo son irreparables.

»Ámales lo suficiente como para envolver tu exhortación en amor —aconsejó; había posado su mano en mi antebrazo, como temeroso de que algo me distrajera de lo que quería transmitirme—. Cuando debas corregirles, hazlo como un padre lo haría con su hijo. Tus palabras tienen más peso del que te imaginas. La posición que ocupas le da a tu discurso un peso adicional. Tú no lo percibes, eres una persona sencilla, te gusta reír, bromear y jugar con los niños en el suelo, pero el manto ministerial que te cubre hace que tu discurso pese mucho en el oído de quienes lo escuchan.

—Creo que le entiendo —aseveré—. Y pienso que tiene razón.

—La Biblia nos recomienda que crezcamos «siguiendo la verdad en amor», y no sería una temeridad interpretarlo como: «Envolviendo la verdad con un manto de misericordia». Hijo, ten bien presente que las palabras son como las abejas: productoras de miel y portadoras de aguijón, y que a través de ellas podemos endulzar o amargar..., alegrar o destruir. Decide sanar en vez de infringir heridas.

En este punto me enfocó con la mirada y percibí que bajo la humedad que empañaba sus ojos seguía latente una evidente autoridad.

—Usa el don de la palabra para restaurar y no para devastar. Convierte la voz en bálsamo y no en látigo, porque, al fin y al cabo, la vida te responderá en el mismo tono en que le hables. El eco de tu voz te llegará multiplicado, y los verbos y adjetivos utilizados serán la semilla que decida la cosecha que recogerás. Hay frases capaces de arropar al corazón desamparado. Otras parecen fabricadas con clavos de hielo; taladran y congelan el alma —su voz proyectaba pasión—. Que cuando les hables se sientan corregidos y no condenados, amados y no enjuiciados. No son perfectos, como tampoco nosotros lo somos... no son perfectos, pero son elegidos.

—Es muy importante lo que me dice —afirmé.

—No solo es importante, además es cierto —remachó Raquel, que, más tranquila ante el resurgir del anciano, había vuelto a su labor—. Yo tampoco he conocido absolutismo más horrible que el cubierto por una pátina de espiritualidad; es nefasto. La tiranía espiritual exige obediencia incondicional al líder. Sus órdenes son inapelables porque pretenden ser instrucciones directas de Dios. Tales personas tendrán que responder ante el Señor por haberle usurpado el lugar y por presentarlo al mundo como un juez ávido de someter y castigar al ser humano.

Escuchaba con atención. Sus palabras eran como agua fresca que yo bebía con la urgencia de quien ha recorrido un ardiente desierto y se sumerge ahora en las reposadas y cristalinas aguas de un oasis.

—Déjame que te cuente. Hace tiempo, durante un periodo de vacaciones, Raquel y yo paseábamos por la playa —dijo, y miró con ternura a su esposa—. ¿Recuerdas?

—Siempre ha sido nuestro tiempo predilecto —asintió la anciana—. Los paseos por la orilla del mar fueron los mejores momentos de nuestras vacaciones.

—Atardecía —rememoró mi viejo pastor—, y la temperatura era deliciosa. Recorrimos el largo litoral hasta las rocas del fondo: dos kilómetros y medio de ida y lo mismo de regreso. Predominaba el silencio, por lo que pudimos escuchar la conversación que un niño mantenía con su madre. Ambos caminaban delante de nosotros.

Ahora Raquel asintió con firmeza:

—Ya sé a qué verano y a qué paseo te refieres —dijo—. Hasta puedo reproducir la conversación que mencionas: «Mamá —le dijo el niño—, he tenido la suerte de encontrar un amigo. Es un amigo fantástico, ¿qué puedo hacer para conservarlo? —dijo. Y con infantil insistencia repitió—: No quiero que deje de ser mi amigo. ¿Qué debo hacer?».

—Así es —ratificó mi viejo pastor—. La madre pensó durante unos segundos, luego se inclinó hacia la playa y recogió fina arena con sus dos manos. Manteniendo las dos palmas abiertas y hacia arriba, apretó una de ellas con fuerza. La tierra se escapó entre los dedos y, cuanto más apretaba el puño, más arena se escapaba. En cambio, la otra mano permanecía bien abierta y ni un grano de tierra cayó. «¿Puedes entender lo que esto significa?», preguntó la madre al pequeño. «No, mamá —reconoció el muchacho—, no sé qué quieres decirme». Entonces ella le explicó: «Cuando intento aprisionar la arena, esta se marcha. Solo respetando la libertad de los demás y sin presiones se puede mantener una amistad. Forzar a alguien a quedarse o a hacer algo que no desea es el camino más rápido para perderlo. Respeta siempre a los demás... respeta su libertad».

Sonreí ante la enorme enseñanza que contenía aquel relato.

—La autoridad es una mano abierta, que dirige sin oprimir —aseveró mi viejo pastor—, pero el autoritarismo es un puño cerrado que quiere retener a toda costa, y lo que consigue con esa actitud es que todo se escurra entre los dedos.

—Y lo que no logra escapar —espetó Raquel— muere asfixiado por aquella mano a la que el autoritarismo convirtió en garra.

—Hijo, no olvides que la autoridad no radica en la imposición, sino en la influencia.

—Bajo el eco de la sabiduría de mi viejo pastor, el consejo del apóstol relumbró en mi conciencia, como ratificando los importantes principios que este día soleado me aproximaba:

Quiero darles un consejo a los líderes de la iglesia. Yo también soy líder como ellos, y soy testigo de cómo sufrió Cristo. Además, cuando Cristo regrese y muestre lo maravilloso que es él, disfrutaré de parte de su gloria. Mi consejo es el siguiente: Cuiden ustedes de las personas que Dios dejó a su cargo, pues ellas pertenecen a Dios. Cuídenlas, como cuida el pastor a sus ovejas. Háganlo por el gusto de servir, que es lo que a Dios le agrada, y no por obligación ni para ganar dinero. No traten a los que Dios les encargó como si ustedes fueran sus amos; más bien, procuren ser un ejemplo para ellos. Así, cuando regrese Cristo, que es el Pastor principal, ustedes recibirán un maravilloso premio que durará para siempre. (1 Pedro 5.1-4 TLA)

Miré a mi viejo pastor y vi que tenía los ojos cerrados. El discurso había sido largo y tan lleno de intensidad que requirió de toda su energía.

Raquel seguía concentrada en su labor.

De pronto, el anciano comenzó a respirar con mucha fatiga, inspiraba con toda su fuerza, como si necesitara desesperadamente llenar sus pulmones, pero el aire no parecía llegar a su destino. El rostro de mi viejo pastor era una mueca de angustia y lucía pálido, casi cadavérico, mientras se aferraba con ambas manos a los reposabrazos de la silla, como si temiera desplomarse.

Lo sujeté por ambos hombros justo cuando Raquel levantó la mirada de su costura y se apercibió de lo que ocurría.

—¿Qué te ocurre, amor?

Muy nerviosa, se abalanzó hacia su marido, dejando caer al suelo la costura y poniendo ambas manos en las mejillas de su esposo, que tenían la tonalidad del yeso. Lo sacudió levemente, intentando que reaccionara.

Fueron segundos de angustia hasta que el anciano entreabrió los ojos y, en un susurro casi ininteligible, pidió que lo lleváramos a la habitación.

El transporte hasta el dormitorio fue lento y tortuoso. Él apenas podía colaborar, por lo que pusimos sus brazos sobre nuestros hombros y lo cargamos entre ambos. Temí que Raquel se hiciera daño en el esfuerzo.

—Llamaré al médico —dijo cuando por fin pudimos acostarlo—. Cuida de él, por favor, regreso enseguida.

—Espera, amor —la voz de mi viejo pastor nos sobresaltó; no por el volumen, que era inexistente, sino por lo inesperado—. No vale la pena que molestes al médico, de sobra sabemos que es poco lo que él podrá hacer. Sentaos a mi lado y toma mi mano, esa es la mejor medicina…

—Debo llamarlo, mi amor —dijo con una determinación que chorreaba cariño por los cuatro costados—. Voy al teléfono del salón, enseguida estaré contigo.

Regresó muy pronto y se sentó junto a él, envolviendo con las suyas las manos de su marido. El anciano permaneció con los ojos cerrados y pudimos percibir que su respiración iba sosegándose y su gesto adquiría, poco a poco, un tono más relajado.

Pronto llegó el doctor. Salí de la habitación y aguardé fuera durante los veinte minutos que duró la visita del facultativo. Su veredicto ratificó las sospechas del anciano: era poco lo que la medicina podía hacer, salvo aplicar los cuidados paliativos orientados a combatir los peores síntomas. Los pulmones de mi viejo pastor, destruidos por el cáncer, no lograban mantener los niveles de oxígeno que el organismo precisaba.

—Vuelven a insistir en que lo ingrese en un centro hospitalario —me dijo Raquel en la puerta, una vez hubimos despedido al médico.

—Tal vez deba hacerles caso —repuse—, usted estaría más descansada y él...

—Si existiera alguna posibilidad de mejoría —me interrumpió—, sería yo misma quien solicitase su traslado a la clínica, pero no es así —lamentó; movía su barbilla de hombro a hombro en un gesto de negación—. ¿Qué pueden hacer en el hospital? ¿Administrarle sedantes? Eso lo hago yo aquí; y él sigue disfrutando de la tranquilidad de su casa, del confort de su cama y me tiene a su lado todo el día. No tengo coche para desplazarme cada día al hospital a verlo, y quedarme allí todo el tiempo no parece razonable...

Retornamos junto a mi viejo pastor y les acompañé durante un tiempo prudencial. Notando que estaba tranquilo, incluso parecía dormido, consideré que lo mejor era dejarles descansar. Me incorporé lentamente, intentando no despertarle, pero cuando iba a dirigirme a la puerta escuché que me decía:

—Déjame que te cuente.

Le miré entre sorprendido y divertido y él me devolvió la mirada con una sonrisa tenue, mientras señalaba a la silla, pidiéndome que me sentara.

En cuanto lo hice inició su relato:

....

Había un niño que tenía muy mal carácter. Un día, su padre le dio una bolsa con clavos y le dijo que cada vez que perdiera la calma debía clavar un clavo en la cerca de madera que había detrás de la casa.

....

Asombrosamente... milagrosamente, el anciano había retomado su discurso justo donde lo dejó, y ahora lo prolongaba, como si el mensaje que intentaba transmitirme fuera tan importante que no admitiera dilaciones.

El primer día, el niño clavó treinta y siete clavos. Pero poco a poco fue calmándose porque descubrió que era mucho más fácil controlar su carácter que clavar los clavos en la cerca. Finalmente, llegó el día en que el muchacho no perdió la calma para nada y se lo dijo a su padre, y entonces este le sugirió que por cada día que controlara su carácter debía sacar uno de los clavos. Los días pasaron y el joven pudo finalmente decirle a su padre que ya había sacado todos los clavos de la cerca. Entonces el padre llevó de la mano a su hijo a la valla de madera.

—Mira, hijo, has hecho bien, pero fíjate en todos los agujeros que quedaron en las tablas. La cerca nunca será la misma de antes. Cuando dices o haces cosas con mal genio, dejas una cicatriz, como este agujero en la cerca. Es como meterle un cuchillo a alguien: aunque lo vuelvas a sacar, la herida quedó hecha. No importa cuántas veces pidas perdón: la herida está allí. Y una herida física es grave, pero también lo es una herida verbal.

Había concluido la historia y yo asentí con la cabeza.

—Que Dios nos ayude —dije— a no dejar cicatrices en nadie.

—Mejor que sanar es no herir —sentenció; su mirada era penetrante—. Hijo, sé cuidadoso; el ministerio te confiere autoridad, pero no autorización para herir a las personas. Tus palabras tendrán la capacidad de sanar o de dañar, de dar vida o de matar. Sé consciente de que el lugar que ocupas dota a tu discurso de un poder especial, úsalo siempre para bien. No conviertas las frases en hirientes aguijones, sino en medicina. No mates con tus sentencias, no hinques clavos en la cerca. Aun la exhortación más dura puede envolverse en amor... ¡debe envolverse en amor! De ese modo, tal vez duela, pero producirá sanidad.

—Lo tendré en cuenta —aseguré.

—Y recuerda, hijo, que nada ejerce tanta influencia como el ejemplo. Hablamos lo que sabemos, pero impartimos lo que somos. Haz de tu vida tu mejor mensaje. Lo oigamos o no, seamos o no conscientes de ello, el mundo nos grita cada día: «Ten presente que las palabras son cera y los hechos son acero. No olvides que es más fácil seguir huellas que obedecer órdenes».

Volvió a cerrar sus ojos y, ahora sí, supe que era tiempo de marchar. Me incliné y besé la frente del anciano.

—Dios te bendiga, hijo —me susurró en la despedida.

Apliqué una ligera presión en el hombro de Raquel, que mantenía entre las suyas las manos de su marido; esa era la verdadera medicina que él necesitaba. Ella me sonrió asintiendo con la cabeza; no me acompañaría esta vez a la puerta, habría muchas ocasiones de recorrer el pasillo hacia la salida, pero no tantas de sostener las debilitadas manos de su esposo.

Al salir, vi la cruz en la pared del pasillo y rememoré las palabras de mi viejo pastor: «Quiero que la cruz sea la escala que me alce a su presencia cuando llegue mi tiempo». Una sensación de vértigo que comenzaba en el estómago y desde allí se extendía a cada fibra de mi cuerpo me advirtió de que esa bendita escala estaba muy próxima al anciano y que muy pronto lo acercaría a su morada, al lugar donde anhelaba llegar.

Rendirnos a la fascinación de los resultados tangibles

No acudí a la casa blanca al día siguiente, pues estimé que era mejor que mi viejo pastor descansara. Cuando por la tarde llamé por teléfono para interesarme por su estado de salud, Raquel fue muy honesta al decirme que su marido no se encontraba bien.

—Apenas abrió los ojos en toda la mañana —reconoció—, y solo ha bebido líquidos.

A la mañana siguiente, María se despertó inquieta. Hizo un gran esfuerzo por disimularlo, pero su desasosiego era evidente. Me resultó extraño que junto al «buenos días» no me regalara el acostumbrado beso, pero fue en la cocina, al tomar el café, cuando las evidencias subieron de grado: con gesto ausente, echó cuatro cucharadas de azúcar al café y después de diluirlo volvió a echar otra generosa ración de edulcorante. Al verlo decidí no esperar más:

—¿Qué te ocurre, cariño? —le dije.

—¿Eh? —pareció regresar de golpe de un lugar muy lejano.

—¿Qué te pasa? —insistí.

—Na… Nada —titubeó—. No me pasa nada.

Tomé su taza de café extraedulcorado, la vacié en el fregadero y le preparé un nuevo café. Poniéndoselo delante, me senté frente a ella.

—Sé que algo te preocupa —le dije tomando su mano—, y no iremos a ningún lado mientras no me lo cuentes.

—Tuve un sueño —admitió— y desperté muy inquieta.

—¿Un sueño? —interrogué—. ¿Qué fue lo que soñaste?

—Soñé que caminábamos por un campo. Atardecía —me explicó—. A medida que iba cayendo la luz, y lo hacía muy deprisa, también se desplomaba la temperatura y comenzó a hacer mucho frío…

—¿Íbamos los dos por ese campo? —interrumpí.

—Sí, y en el sueño vi que ambos temblábamos… pero no solo de frío —dijo; tomó su taza, pero la mantuvo en el aire, como recordando—. De pronto alguien… o algo, no estoy del todo segura, aunque creo que era una persona…

—¿No le viste el rostro? —inquirí.

Tomó un sorbo de café y volvió a dejar la taza en el platillo, entonces respondió:

—No, pero noté que esa presencia se puso a nuestro lado y de inmediato sentimos un agradable calor y también luz, pues ya había anochecido y el campo estaba muy oscuro. Aquella presencia era… no encuentro calificativos suficientes para expresar lo que me hizo sentir… reconfortante, reparadora, vivificante… transmitía seguridad. No vi su rostro —insistió—. Por más que lo miraba, solo luz veía. Irradiaba un algo que infundía paz.

—Es un sueño muy bonito —sonreí palmeando su mano izquierda, que aún tenía bajo la mía—. No entiendo por qué te has despertado tan inquieta…

—Porque el sueño no terminó ahí —explicó—. De pronto, esa presencia comenzó a alejarse, y con ella la luz y el calor. Tú y yo volvimos a sentir ese frío helador y apretamos el paso intentando alcanzarla, pero finalmente desapareció en el horizonte. En ese punto desperté de golpe, con una sensación de alarma que me hacía temblar.

María volvió a concentrar su atención en la taza de café, y yo sentí que su desasosiego me había contagiado. Mantuvimos un breve silencio, al cabo del cuál pregunté:

—¿Crees que puede tener algún significado?

—No estoy segura, pero sabes que casi nunca sueño, y esta mañana, al despertar... —le costaba terminar la frase.

—¿Qué te pasó al despertar?

De forma casi inconsciente, mi mano aplicó una presión excesiva en los dedos de María. Definitivamente, su desazón me había contagiado.

—Al despertar no podía quitarme de la cabeza la figura del viejo pastor...

—¿Piensas que él era la persona que en el sueño se situó a nuestro lado?

—En el último tiempo hemos atravesado una noche muy oscura en la que tanto tú como yo hemos temblado de miedo y también de frío... ¿Quién nos proporcionó calor y luz?

—El viejo pastor —repuse.

—Así es, y por eso creo que puede ser él quien... —se resistió a completar la frase.

—Puede ser él quien se alejaba buscando el horizonte —concluí yo.

Solo me miró. No quiso afirmarlo, sin embargo, ambos estábamos seguros. Nuestro viejo pastor se despedía...

—Me gustaría ir hoy contigo a visitarlo —me dijo.

—Se alegrará mucho, y también Raquel. La pobre está llevando una carga muy grande, y tu compañía supondrá un gran apoyo para ella.

El abrazo entre Raquel y María fue interminable. Largos segundos en los que varias veces la anciana agradeció la visita y María le repitió que era ella la que tenía que dar gracias, y que si no había venido antes era por no importunar.

Cuando entramos a su habitación, el viejo pastor dormía.

—El doctor me recomendó incrementar la dosis de calmantes —nos explicó Raquel—. No queremos que sufra, pero la medicación le mantiene dormitando todo el día.

María y yo lo observamos descansar. Su rostro, pálido y extremadamente delgado, se confundía con la almohada. Mientras escuchaba su respiración, lenta y fatigada, no podía apartar de mi mente el inquietante sueño de María y una losa de pesadumbre se instaló sobre mi ánimo.

María posó su mano en el antebrazo del anciano. Apenas fue un leve roce, pero, al contacto, él parpadeó. Enseguida se incorporó un poquito y se frotó los ojos, como desperezándose, o como queriendo cerciorarse de que lo que veía no era una ilusión.

—¡Qué agradable sorpresa! —dijo entonces—. ¿Acaso estoy ya en el cielo? ¡Hay ángeles junto a mí!

Todos reímos con ganas.

—¡Gracias por venir, hijos, qué alegría me da veros!

—¿Qué tal se encuentra? —quiso saber María.

—Creo que estoy un poco mejor —repuso, contraviniendo todas las evidencias—. Incluso tomé un pedazo del bizcocho que Raquel horneó. Amor —miró a su esposa—. Tráeles un poco de ese dulce de manzana, te salió delicioso…

—Vuelvo enseguida —dijo la bondadosa mujer lanzándole un beso y un guiño antes de retirarse.

—Sentaos, sentaos, por favor —señaló el viejo pastor a los dos taburetes que había en la habitación.

—Debo decirle —comentó María— que mi marido me informa puntualmente de cada historia que usted le cuenta…

—El pobre debe de estar aburrido y mortificado con mis inacabables discursos —su voz suplicaba disculpas—. Soy un viejo charlatán.

—Nada de eso —replicó mi esposa—. Cada historia es más bella que la anterior, y nos está transmitiendo una sabiduría maravillosa.

—Eres muy amable —agradeció; una sonrisa de alivio iluminó su rostro.

—Es más, hoy no me marcho sin que me cuente usted alguno de esos relatos —dijo María aplicando una fingida severidad a su voz.

—Lo haré con mucho gusto —agradeció el anciano—. Además, no sé la razón, pero esta mañana recordaba con insistencia una excursión que hice cuando era un estudiante de primaria. Ya sabéis —sonrió—, los viejos perdemos la memoria temprana y se nos agudiza la remota. No recordamos qué desayunamos hoy, pero los acontecimientos de hace años parece que los hubiéramos vivido ayer —remató con una risa que me pareció luminosa.

—Pues cuente, cuente… No puedo esperar para escuchar esa historia —pidió María con infantil expectación.

—Pero antes tomaréis un pedazo de pastel —comentó Raquel.

La venerable anciana había llegado con una bandeja en la que había dos tazas, dos jarritas y un azucarero, además del bizcocho recién horneado del que pudimos ver que faltaba una minúscula porción, seguramente lo que había comido el viejo pastor. Nos sirvió café y leche a nuestro gusto, según le indicamos, y dejó que cada uno endulzara la mezcla como y cuanto quisiera. Luego trajo una silla de la cocina y se sentó frente a nosotros.

—Vale la pena que le hagáis caso —el anciano asintió a la sugerencia de su esposa—. Comed primero, que aún debe de estar caliente, y veréis que sabor más delicioso.

—¿Y qué le parece si, mientras disfrutamos de esta merienda, nos cuenta su relato? —comenté, temiendo que los sedantes le robaran en cualquier momento la lucidez de la que ahora disfrutaba.

—Es una buena idea —aceptó Raquel, incorporándose de la silla y sirviendo en sendos platos dos generosas porciones de pastel de manzana.

—Bien —admitió mi viejo pastor—, no sé por qué puedo evocar, con tanta precisión como si lo estuviese viviendo ahora mismo, aquel episodio de mi niñez. Esto fue lo que ocurrió:

La escuela organizó una ruta de senderismo. Debía yo de tener en ese momento unos once años de edad. El camino discurría por una ladera bastante escarpada de una montaña; poco más o menos a la mitad del trayecto llegamos a un tramo llano donde los monitores nos invitaron a hacer un descanso. Nuestra atención fue atraída por unos árboles que, perfectamente alineados a derecha e izquierda, formaban un camino. Sus frondosas copas se tocaban creando un túnel vegetal.

Mientras degustábamos el delicioso pastel nuestra atención estaba centrada en el anciano, que detuvo el relato y con una seña pidió que le acercáramos un vaso de agua que había sobre la mesita de noche. Fue después de tomar un pequeño sorbo a través de una pajita cuando reanudó su discurso:

En aquel lugar destacaba un cartel que en la entrada del fresco túnel anunciaba: «Senda de los ausentes».

—¿Qué es esto? —preguntó alguien del grupo a la persona que nos guiaba.

Para responder, el guía nos reunió a todos en torno al letrero y explicó: este lugar tiene una interesante historia que vale la pena que escuchéis. Agradecidos de poder descansar después de la agotadora caminata, nos sentamos en el suelo y aquel hombre inició el relato de una historia que jamás he olvidado:

—En un pequeño y pintoresco pueblo rodeado de cerros, habitaba un hombre diferente al resto, la gente le llamaba «el Loco». Al verlo pasar se reían de él. Siempre iba vestido con extrema humildad y vivía en una cabaña sin apenas posesiones.

»—¡Es un pobre desdichado! —decían algunos.

»—¡No aporta nada a la sociedad! —murmuraban otros.

»—¡Un inútil, eso es lo que es! —comentaba la mayoría.

»Pero, fijaos, ese viejo loco dedicaba su vida a sembrar árboles. Empleaba cada una de sus jornadas en plantar semillas que tardarían años en florecer y cuyo fruto nunca vería, pues su edad era avanzada. Nadie le pagaba por lo que hacía, ni siquiera lo alentaban, al contrario, era objeto de las burlas de los demás.

»Y así pasaba su vida: cada amanecer lo sorprendía sembrando, siempre sembrando sin esperar ver el resultado… consciente de que nunca saborearía el fruto de su trabajo.

»Sucedió que un día, de pura casualidad, pasó por allí una de las personas más ricas del lugar y, al encontrarse al Loco, le preguntó:

»—¿Qué haces, buen hombre?

»—Sembrando, señor, estoy sembrando.

»—Pero, ¿cómo es que siembras? —inquirió el millonario—. Estás viejo y cansado y seguramente no verás ninguno de esos árboles cuando crezcan. ¿Para qué siembras entonces?

»A lo que el viejo contestó:

»—¿Ve aquel gran nogal que hay junto a mi cabaña? Cuando nací ya estaba ahí. De su rama más fuerte aún cuelga un columpio en el que pasé mi niñez balanceándome, y de todas las demás ramas comí sabrosas nueces cada año. Mi abuelo fue quien lo sembró, y no disfrutó nunca de su sombra ni tampoco de su fruto. Pero toda mi vida está resumida a la sombra de ese árbol. Otros lo hicieron por mí, yo quiero hacerlo por otros.

»El hombre rico quedó admirado de la sabiduría de aquel viejito al que llamaban loco, y comentó:

»—Tu gratitud y honradez merecen ser premiadas.

»Llamó a uno de sus escoltas para que trajese una pequeña bolsa con monedas de oro y las entregó al sembrador.

»Agradecido, el sembrador comentó:

»—¿Ve, señor, como mi semilla sí produce? Aún no la acabo de sembrar y ya me está dando frutos. Pero el mayor rendimiento que podría darme es que otras personas se volvieran tan locas como yo y dedicaran su vida a sembrar sin esperar disfrutar de los resultados de su siembra».

Mi viejo pastor nos miró y entendimos que la historia había terminado.

—Es un relato bellísimo —comentó María, emocionada—. No me extraña que no haya logrado olvidarlo, me imagino que todos los estudiantes quedaron impresionados con el ejemplo de aquel loco.

—Pero la parte más bella de esa historia no la he contado todavía—repuso el anciano.

Nuestro guía siguió contando la historia al grupo:

—El viejo sembrador entregó las monedas de oro, todas ellas, para ayudar a los necesitados. Por desgracia, tiempo después, aquel monte fue arrasado por un voraz incendio que atrapó al sembrador mientras ejercía su labor. La obra de toda su vida, la cabaña donde habitaba y su vida misma fueron arrebatadas por las llamas… murió allí, en la ladera del monte donde había invertido toda su vida en sembrar».

—¡Dios mío, es terrible! —exclamé yo, pues me dolió profundamente ese final—. ¡No es justo que todo terminara así!

—¿Quién ha dicho que todo terminara así? —replicó con ternura mi viejo pastor.

—¡Claro que no terminó ahí la historia! —dijo Raquel, que había salido; aprovechaba nuestra presencia junto a su esposo para poner al día cosas del hogar. En ese punto acababa de regresar para acompañarnos en el final del relato.

Todos los chicos y chicas quedamos impresionados por el curso que había tomado la historia, por lo que el guía nos invitó a ponernos en pie y admirar el paisaje a nuestro alrededor.

—¿Veis la inmensa riqueza vegetal que cubre este monte? Pues este es el monte en el que sembraba aquel a quien llamaban loco… esta es la montaña que fue devastada por el fuego. ¿Verdad que nadie diría que este lugar hubiera sido arrasado por las llamas?

Asentimos, pues era cierto que no quedaba el más mínimo vestigio de un incendio. El guía prosiguió:

—Podéis ver que el monte rebosa vida, porque decenas de personas, conmovidas por el ejemplo del loco sembrador, decidieron tomar el relevo….

Mi viejo pastor asentía mientras recordaba la historia.

—... La bendita obsesión del viejo sembrador les contagió y dedicaron su vida a repoblar este monte plantando cientos de árboles de cuya sombra no llegarían a disfrutar nunca».

—Es realmente hermoso —susurró María conmovida.

El guía concluyó su disertación diciéndonos:

—Este camino de árboles que parece un túnel vegetal está dedicado a su memoria, y allí —dijo, señalando al final del camino— están enterrados sus restos.

En un silencio reverente, los niños recorrimos el camino, escoltados a uno y otro lado por los árboles que parecían soldados custodiando al héroe al que muchos llamaron loco. Junto a la lápida nos detuvimos y leímos, muy conmovidos, la frase grabada sobre la sencilla piedra: «Si supiera que mañana termina mi vida, hoy plantaría mi árbol». Esa frase de Martin Luther King era el epitafio en la tumba del sembrador.

Mi viejo pastor guardó un momento de silencio que todos secundamos mientras reflexionábamos en la profunda sabiduría de aquella historia. Pronto su voz grave declaró algo que sabíamos, pero que era necesario recordar:

—Un verdugo del ministerio —dijo, enfocándome fijamente con su mirada— es *esperar resultados tangibles demasiado rápidos.* El crecimiento requiere tiempo; las edificaciones sólidas y consistentes precisan de tiempo. Dios se toma unas horas en crear un hongo, pero cien años para formar un roble. ¿Sabéis que uno de los más efectivos herbicidas utilizados para combatir las malas hierbas es en realidad un poderoso fertilizante?

Nuestro gesto de sorpresa le animó a explicarse:

—Se aplica a las hierbas que deseamos eliminar, esto provoca que crezcan muy rápidamente sin echar suficiente raíz, por lo que mueren rápidamente —dijo. Nos miró hasta que asentimos, entonces concretó—: Lo efímero crece rápidamente, pero no se arraiga suficiente y carece de solidez. No tengáis prisa en ver resultados. Aunque no apreciéis logros, no dejéis por eso de sembrar.

Inspiró profundamente y concluyó:

—Sembrar nunca es una pérdida de tiempo. Cualquier semilla de amor, de ayuda, de actos de bondad, que derrames en la tierra dará fruto abundante... tal vez ni siquiera llegues a verlo, pero no por eso dejes de sembrar.

De pronto me di cuenta de que eso era, exactamente, lo que había hecho mi viejo pastor: sembrar en mí una semilla que él no vería crecer. Sentí que las lágrimas nublaban mi visión.

Había llegado la hora de despedirnos y María prolongó el abrazo al anciano. Supe que aquel gesto iba más allá de un «hasta pronto». Luego hizo lo mismo con Raquel, pero al abrazarla lloró.

—Quiero acompañaros a la puerta —dijo mi viejo pastor.

Viéndole tan débil, le pedimos que no lo hiciera, pero su insistencia pudo a la nuestra, así que, agarrado al brazo de Raquel y al de María, recorrió con pasos lentísimos el breve pasillo hasta la salida y allí volvió a abrazarnos interminablemente. Luego se mantuvo en pie, apoyado en el dintel de la puerta y en el hombro de su esposa.

Era la segunda semana de octubre. La suave temperatura del otoño permitía que los grillos y las flores revistieran la noche en el jardín. Apenas nos habíamos distanciado cuatro pasos cuando nos giramos para verles. Allí seguía, con su brazo derecho sobre el hombro de Raquel y agitando la mano izquierda en la despedida.

Supe con estremecedora certeza que lo irremediable estaba sentado a la puerta de mi viejo pastor, y en el paladar del alma noté sabor a orfandad. Algo semejante a un pesado manto me hacía difícil respirar, como si el aire fuera muy denso y una forma de presión oprimiera mis pulmones, y como si, además, con cada inspiración penetrara en el cuerpo una sensación insoportable de tristeza.

Busqué apoyo en el rostro de María, pero encontré lágrimas que surcaban sus mejillas; la luna crecida reverberaba sobre ellas.

Verdugo 12

Acoger las dos erres: rencor y remordimiento

Era domingo, y no estaba resultando de los mejores. El servicio en la iglesia discurrió bien, pero, al terminar la reunión, todo cambió.

Cayendo la tarde —y hay tardes que caen como una losa negra— María y yo estábamos en el salón de casa, sentados frente a frente. Ambos nos sentíamos cansados... la decepción cansa muchísimo.

Tras unos segundos de silencio, María resopló con tal fuerza que, por efecto de las ondas sonoras de su resoplido, tintineó la lámpara de lágrimas de cristal, y aseguraría que los vasos de la vitrina vibraron. Estaba triste e indignada como pocas veces la he visto.

¿La causa?

Una familia de la congregación estaba dedicándose a extender comentarios orientados a desacreditar nuestro trabajo. Lo más doloroso era que se trataba de una familia a la que durante años habíamos cuidado con esmero, dándoles nuestra atención, nuestro tiempo y casi nuestro corazón.

¿Qué había pasado entonces?

Pues que en su última crisis no pudimos estar tan implicados como ellos esperaban. Se concatenaron varias circunstancias adversas.

Múltiples asuntos, todos de gran calado, nos mantuvieron muy ocupados impidiéndonos atenderles con la premura que ellos exigían. Los temas que nos demoraron eran delicados y requerían de la máxima diligencia, pero ellos consideraban que su problema era más importante que cualquier otro y tomaron mi silencio como un desplante, así que iniciaron una destructiva maniobra de desacreditación.

—Es indignante —replicó María con desánimo—. «Que si el pastor no nos atiende, no nos llama, no nos cuida… no nos… no nos… no nos…». ¡Creen que el mundo comienza y acaba en ellos!

De todo eso: de la difamación, rumores, murmuración, nos enteramos cuando terminó el servicio del domingo. Por un lado, agradecí no haberlo sabido antes, pues eso impidió que aquella circunstancia empañara mi ministración de la mañana, pero llegamos a casa arrastrando una profunda desilusión que minó nuestro ánimo.

Ni de comer tuvimos ganas.

—Es imposible complacerles —dijo María después del tercer bufido—. No importa que toda la vida les cuides, si en una ocasión no lo haces como ellos esperan, ya eres indolente y descuidado. ¡Nunca están contentos!

—Escuché hace tiempo —le dije al inicio de la tarde— que no es bueno encerrarse en casa en compañía del decaimiento. ¿Qué te parece si salimos a dar un paseo?

Fue inútil; cada árbol del campo se nos antojaba la silueta de un miembro de esa familia.

—Creo que dedicaré la tarde a hacer un bizcocho —dijo María.

Un síntoma más de su extrema tensión: si ella, que combate ferozmente el exceso de azúcar, de carbohidratos y todo lo que exhale aroma calórico, se refugiaba en la repostería, era señal de que su estrés había alcanzado cotas preocupantes.

—Iré a ver al viejo pastor —anuncié—. ¿Quieres acompañarme?

—Hoy no soy buena compañía —repuso—. No creo que le convenga que lo visite.

Declinaba el sol cuando llegué a su casa. Hice el camino muy despacio, rumiando mi desencanto, dando gracias al cielo de que mi congregación no fuera más numerosa y sintiendo que en mi corazón se levantaban dos sentimientos contradictorios: uno, activo, de profunda decepción al constatar que hay personas capaces de recibir tu ayuda toda la vida sin mostrar gratitud y luego despeñarte por un barranco de descrédito si un día no eres puntual en brindarla. Otro, pasivo, de un dolor que me cuajaba de lágrimas los ojos con solo pensar en esa familia.

Pedí a Dios que me ayudara a controlar las emociones delante de mi viejo pastor. No eran problemas lo que ahora necesitaba el venerable anciano, y por nada del mundo quería ser una carga para él.

Seguramente no oré con suficiente fervor, pues, en cuanto Raquel abrió la puerta y me vio, movió su cabeza a derecha e izquierda mientras decía:

—Huy, huy, tienes el rostro desencajado… Algo te ocurre.

—Lo siento —dije pesaroso—, algunos problemillas me tienen inquieto, pero no quiero preocupar a su marido. Pensé que no se me notaría… será mejor que no entre a verle.

—Pasa —dijo Raquel—. Gracias a Dios, desde que María y tú vinisteis la otra tarde ha experimentado una sorprendente mejoría. Además, después de casi cincuenta y cinco años pastoreando, ya está vacunado para atender «problemillas» —dijo, aplicando un énfasis irónico a la última palabra.

—Así que mi amigo está hoy apesadumbrado —sonó la voz grave del anciano a nuestra espalda, provocándonos un sobresalto.

—¡Estás aquí! —replicó Raquel con sorpresa—. ¿Por qué no me llamaste para que te ayudara a levantarte?

Mi viejo pastor estaba apoyado en precario equilibrio en el dintel de la puerta de la cocina. No lucía pletórico, pero verlo en pie ya suponía un gran avance.

—Hoy me siento fuerte —aseguró, y casi rio al observar nuestro gesto de sorpresa—. Incluso estoy pensando en salir a trotar un poco por el campo —bromeó.

Tras el afable saludo y el abrazo me dijo:

—¿Qué te parece si charlamos un rato?

Se agarró al brazo de Raquel y les seguí. Me resultó muy emocionante verlo entrar a la pequeña habitación en la que cada lunes me había recibido y que yo equiparaba al quirófano de mi alma. Tomó asiento en el sillón orejero que tantas veces había sido estrado desde el que el anciano me regaló su sabiduría, y yo lo hice en la silla tapizada a juego, frente a él.

—Hace una tarde calurosa —dijo Raquel abriendo la ventana.

Era cierto que la temperatura era más propia del verano que de mediados de octubre y me había puesto ropa ligera, algo que agradecí. Mi viejo pastor, sin embargo, llevaba una fina chaqueta de lana que se abotonó hasta arriba.

—Dicen que a los viejos se nos escapa el calor por las arrugas de la piel y por eso siempre sentimos frío.

La risa con la que el anciano selló la frase me pareció terapéutica y fue bálsamo para mi ánimo enardecido. Al igual que él, busqué el rayo de sol con que se despedía la tarde. De forma gradual, el silencio fue ganando a todas las cosas. La quietud era perfecta, por eso me sobresaltó la voz de mi viejo pastor cuando preguntó:

—¿Y bien? ¿Puedo conocer qué tribulación ha sido la culpable de que tu rostro parezca hoy una mueca de tristeza?

Escuchó con atención la descripción que le hice de mi particular batalla, y en especial los detalles relativos a la familia que nos estaba aniquilando. Apenas hube concluido cuando él dijo:

—Déjame que te cuente:

Tres hombres caminaban cargando cada uno dos sacos que, atados entre sí, colocaban uno al frente y el otro a sus espaldas.

Intrigado por la escena, alguien se acercó al primero de ellos y le preguntó:

—¿Qué transportas en los sacos?

—Todo cuanto de bueno me han dado mis amigos y seres queridos lo llevo en el saco de atrás —respondió el interpelado— y el que tengo enfrente contiene aquellas cosas desagradables que me han pasado en la vida. Ocurre que lo agradable y satisfactorio lo tengo a mi espalda y lo olvido rápidamente, pero en mi andar me detengo con frecuencia y rebusco en el saco de enfrente, recordando lo amargo que he vivido y las injusticias que me han provocado, y contemplo esas tristes situaciones desde todos los ángulos posibles. Me resulta muy difícil avanzar y el poco trecho que recorro lo hago en medio de suspiros y amargura.

Acercándose al segundo de los hombres, le hizo la misma pregunta.

—En el saco de enfrente —respondió este— están todas las buenas acciones que hice a lo largo de mi vida. Las llevo delante de mí y a menudo las saco y las exhibo; es gratificante que el mundo vea aquello bueno que hice. Atrás, sin embargo, llevo todos mis errores y los errores que han cometido contra mí. Aunque no los veo, los siento, porque cargo con ellos dondequiera que voy; no puedo desprenderme de ese peso y te confieso que se me hace muy difícil el avance.

Buscó entonces al tercero de los porteadores. Ya de lejos era obvio que caminaba con más ligereza y, sobre todo, rebosante de alegría. Cuando logró darle alcance le interrogó acerca de lo mismo y este le respondió:

—El saco que llevo delante está lleno de pensamientos buenos y positivos acerca de los demás y también acerca de mí mismo. Contiene todos los actos bondadosos que mis semejantes han realizado y cuanto de bueno he tenido en mi vida. Como puedes apreciar, el saco es muy grande y está lleno, pero no pesa, al contrario, transmite ligereza. En vez de ser un lastre, actúa como las velas de un barco, ayudándome a avanzar.

— ¿Y en el de la espalda? —quiso saber el hombre—. ¿Qué transportas en el saco que llevas a tu espalda?

— Está vacío —respondió con una sonrisa—, pues hice en él un gran agujero. Allí es donde echo todo lo malo que escucho de los demás, y también todo lo malo que a veces pienso acerca de mí mismo: mis errores, mis malos sentimientos, mis frustraciones... todo lo deposito ahí y a través del agujero se pierde en el camino, de modo que no hay carga que haga más penoso el trayecto.

La narración concluyó y mi viejo pastor guardó silencio.

—Es hermosa la historia —le dije con sinceridad.

—Un verdugo del ministerio es *acoger al matrimonio de las dos erres: rencor y remordimiento.* No dejes que las decepciones te amarguen; es fundamental metabolizar los desengaños de modo que nos hagan madurar sin pudrirnos —había algo sedante en sus palabras—. Hay frutas que maduran, mientras que otras se pudren. Metabolizar las decepciones hasta extraer de ellas valiosas lecciones lleva a lo primero, pero paladear la decepción y recrearnos en lo que la provocó con ánimo autocompasivo es un atajo a lo segundo. No des espacio al rencor —casi súplicó—. El rencor es como un óxido capaz de amargar el acero más dulce. ¿Recuerdas las palabras de

Jesús en Lucas 6.37? —preguntó, pero no aguardó mi respuesta—: «No juzguéis, *y no seréis juzgados* [...] perdonad, y seréis perdonados». Aunque está redactado en tono imperativo, más que un precepto es un seguro de vida. Hijo, una clave con respecto a los errores es aprender a disculpar los que cometen las personas que nos rodean.

Le escuchaba con atención y, mientras lo hacía, determinados textos de la Biblia hacían eco en mi memoria:

Si alguno fuere sorprendido en una falta, *restauradle* con espíritu de mansedumbre. (Gálatas 6.1)

Entonces Pedro fue y preguntó a Jesús:

—Señor, ¿cuántas veces deberé perdonar a mi hermano, si me hace algo malo? ¿Hasta siete?

Jesús le contestó:

—No te digo hasta siete veces, sino hasta setenta veces siete. (Mateo 18.21-22)

Pese a ello, dejé que el corazón hablara:

—Pero a veces uno se siente agotado. Resulta extenuante hacer siempre lo contrario de lo que hace la mayoría... seguir amando al que te desprecia, bendiciendo al que te maldice... ¡Nos han difamado! ¡María, mi esposa, está deshecha!

—Os han tratado mal, eso es cierto, y comprendo cómo debes de sentirte...

—Con todo el respeto —me atreví a interrumpirle—, creo que no llega usted a comprender cómo nos sentimos. Esa familia ha recibido nuestra atención y cuidado siempre. Varias veces hemos ido a visitarles o ellos han venido a nuestra casa a horas intempestivas... ¡incluso en la madrugada!, la mayoría de las veces por situaciones que podían esperar al día siguiente, pero que ellos calibraban de gravísimas. Han roto nuestra agenda, nuestro horario de comidas y de dormir cuantas veces han querido, y ahora nos difaman, nos destruyen públicamente, ¡nos queman en la plaza del pueblo, a la vista de todos!

—Las decisiones de otros revelan mi carácter —afirmó sin previo aviso—. La manera en que respondo a las resoluciones que otros adoptan y que en alguna medida me afectan manifiesta mi madurez, consistencia y profundidad —hablaba con autoridad, pero la misericordia estaba tatuada en sus retinas—. El carácter, al igual que las antiguas fotografías, se revela en la oscuridad. ¿Te han herido? ¿Te difamaron? ¿Fuiste tratado injustamente? No entregues tu paz, algo tan grande, a personas tan pequeñas. Sigue caminando. La vida es un viaje, no un destino. Cuenta y canta las bendiciones de Dios.

—¿Y al ofensor? —interrogué—. ¿Cómo respondo a los injuriadores?

—Con frecuencia, el silencio es la mejor respuesta al ofensor; Dios redacta las palabras justas sobre las líneas de nuestros silencios. Deja que él reivindique tu causa.

Sus palabras eran bálsamo para mi alma enardecida. Le observé; el anciano respiraba trabajosamente, como si el aire encontrara algún obstáculo para llegar a los pulmones; no obstante, me atreví a preguntar:

—¿Hasta cuándo hemos de mantener esa actitud? ¿Hasta qué punto me tocará responder con el perdón y el silencio?

—Hasta el final… Ilimitadamente —dijo—. Si quieres saber el límite hasta el que nos toca amar, mira a la cruz, ese es el límite. Aun cuando Dios te encumbre a lo alto de su propósito, tendrás que seguir perdonando. Es lo que toca: recorrer la segunda milla amando. Quien recorre la primera milla, es decir, los primeros mil pasos, solo está obedeciendo lo estipulado, pero recorrer la segunda milla es honrar a Jesús en obediencia —sentenció. Guardó un intencionado silencio antes de continuar—. Una milla extra perdonando al que te ofende, llevando las cargas que no estás obligado a llevar. La diferencia entre un ministerio ordinario y uno extraordinario está precisamente en el «extra», en dar más de lo exigido, en eso se muestra la gracia de Dios.

—Comienzo a entender —casi susurré.

—Ojalá de verdad lo estés entendiendo. El mandato de Jesús de recorrer la milla extra es también una clave para alcanzar la salud física y emocional. Pocas cosas son tan nocivas como el rencor —dijo. Inició entonces una reflexión magistral a la vez que sorprendente—: El rencor se suscita con mucha facilidad y se elimina con mucha dificultad. El rencor busca colaboradores y une mucho a las familias, por eso es normal ver a familias enteras, auténticos clanes, arremeter juntos contra el pastor. El rencor, al igual que el amor, cuando se alimenta se vuelve fecundo y puede llevar a hacer cosas irreversibles —afirmó. Se detuvo un instante, inspiró y, recuperado el resuello indispensable, continuó—: el rencor es hacer mil fotocopias del dolor vivido; es el veneno que se toma uno esperando que le haga daño al otro. El rencor es eso que se pasa con el perdón y con la decisión de ser feliz.

—Sí —le dije—, definitivamente, le estoy entendiendo.

—El escritor estadounidense Mark Twain dio en el clavo al afirmar: «El perdón es la fragancia que la violeta deja en el talón que la pisó». ¿Qué es la cruz? —inquirió—. Es la milla extra de Dios, pero una milla de altísimo precio e indescriptible rigor. No estaba obligado a ese derroche de amor, pero decidió hacerlo, y esa «milla extra» supuso nuestra redención.

Detuvo su discurso y me miró. En este punto, no se me ocurrió otra réplica que guardar silencio, y mi viejo pastor dejó que este se prolongara. Al fin, osé romperlo:

—Quiero recorrer esa milla extra —era mi corazón quien hablaba—, pero, dígame, ¿hay alguna clave para lograr que los desplantes, injurias y decepciones dejen de doler?

—Me encantaría decirte que existe una anestesia, una mordaza para la boca de ese dolor, pero te mentiría. Los desplantes, las afrentas, las injurias... todos esos agravios son dardos que ensartan el corazón del que ama, y eso es porque quien ama expone su corazón sin defensas. La herida se produce inevitablemente, pero hay un bendito hospital especializado en corazones rotos, es la cruz... cuando rompan tu corazón acude a la cruz, allí le encontrarás a él y verás que en sus llagas está tu sanidad. En el invierno de la cruz queda lo esencial. Atrás quedaron los hermosos atardeceres del verano y la exuberancia de la primavera, el otoño se llevó casi todo, pero queda lo esencial... sobre la cruz solo queda él. No sus manifestaciones milagrosas, ni sus magníficas enseñanzas... Solo él... Jesús en estado puro. Nada más... nada menos... solo él.

Entonces se detuvo, reflexionó un instante. Enseguida remachó:

—El fundamento de nuestra fe no es el milagro espectacular, sino la cruz esencial. Fue Charles Spurgeon quien dijo: «Recibí órdenes de mi Jefe de quedarme al pie de la cruz hasta que él regrese [...], y aquí estoy, al pie de la cruz, contando la vieja, vieja historia». En la cruz le ves a él y todo lo demás pierde sentido. Los dardos son menos hirientes, y los halagos, menos necesarios. Cuando él me cautiva, todo lo demás pierde relevancia. No seas seducido por los milagros de Dios, déjate seducir por el Dios de los milagros. Eso es la cruz... Nada más... nada menos que él.

Medio sol, un sol hinchado y casi rojo se ocultaba allí, tras los cristales, y una progresiva paralización fue adueñándose del lugar, que en pocos minutos quedó oscuro y en silencio, pero había algo más que mi viejo pastor quería comunicarme:

—Hijo, el verdugo del ministerio que he mencionado consta de dos erres. La primera es la del *rencor*, que toma a los demás como blanco de nuestra indignación, pero la segunda es la del *remordimiento*, que nos convierte a nosotros mismos en diana donde hincar los dardos. No solo tendrás que perdonar a los demás, será esencial que aprendas a perdonarte tú también. Conozco a personas que cometieron un error y se anclaron en él; allí se sentó su alma.

En este punto, posó sus dedos en mi antebrazo, en un esfuerzo por capturar mi atención.

—A menudo, las grandes oportunidades llegan disfrazadas de derrota. Bajo el camuflaje de una gran crisis suele venir una enorme oportunidad.

—Sus palabras me hacen recordar una afirmación que, si no me equivoco, hizo Paulo Coelho: «Todas las batallas en la vida sirven para enseñarnos algo, incluso aquellas que perdemos».

—Tuvo razón ese famoso novelista brasileño, aunque matizaría su reflexión en un punto: todas las batallas en la vida sirven para enseñarnos algo, ¡en especial aquellas que perdemos! Los aciertos estimulan, pero los errores enseñan —dijo, y reflexionó un momento, acariciando su mentón antes de seguir—. ¿Oíste hablar de Thomas Alva Edison?

Aunque asentí, el anciano decidió recordarme algo de su biografía.

—Fue el creador de la lámpara incandescente, y por lo tanto el padre de un invento que cambió la historia, pero no todos saben que, antes de que la primera bombilla alumbrase por un brevísimo espacio de tiempo, Edison asistió a dos mil pruebas fallidas. En una ocasión alguien le preguntó: «¿Qué se siente al fracasar dos mil veces?». La respuesta del genio fue: «No fracasé ninguna vez, fue un experimento en dos mil etapas». Esa actitud le permitió patentar más de mil inventos.

Un brillo especial iluminaba el rostro del anciano en sus siguientes palabras hacia mí.

—Recuerda, hijo, la actitud que adoptemos frente a los errores decidirá que estos sean fosos que nos traguen o plataformas que nos alcen.

Calló un momento, como meditando en la continuación de su discurso, y al reanudarlo puso un punto de equilibrio.

—No estoy diciendo que tratemos nuestros errores con indiferencia; es preciso analizarlos y enmendarlos. Lo que intento decirte es que nuestras equivocaciones deben hacernos reflexionar y, sobre todo, aprender, pero nunca abandonar. Hijo, si lográsemos eliminar todos los errores cometidos, anularíamos con ellos gran parte de la sabiduría adquirida. Convirtamos la llaga en arado y los fallos en escalones. Cuando tropieces, porque tropezarás, convierte tus errores en maestros, aprendiendo de ellos. Eso se llama «caer hacia adelante», transformando la caída en un paso más hacia la meta. «Porque siete veces cae el justo», decía el sabio en Proverbios 24.16, pero enseguida puntualizó: «y vuelve a levantarse».

Regresando a casa, meditaba. Era una noche de luna crecida y, por tanto, muy clara; la temperatura era tibia e invitaba a pasear. Palabras, frases y expresiones resonaban en mi mente. Me detuve en el banco junto al camino. La piedra aún conservaba un resto de calor cuando me senté a reflexionar. Pensé en María, en su gesto descompuesto de aquella tarde, en el dolor que teñía sus palabras, y rogué a Dios que nos refugiara tras la cruz; que todas las cosas que llegaran a la vida de María y a mi propia vida tuvieran que cruzar el filtro vital del madero... y me di cuenta, de pronto, de que era capaz de pensar en aquella familia de la iglesia sin sentir otra cosa que pura compasión. No eran verdugos, eran víctimas necesitadas de cuidados intensivos. Su obsesión por ser el centro de todos los afectos y atenciones no era otra cosa que el síntoma evidente de un alma desnutrida, famélica y necesitada. Oré por ellos con verdadera intensidad... y luego lloré por ellos.

Aún con las lágrimas calientes surcando mis mejillas, asentí con la cabeza de forma inconsciente mientras consideraba el otro tema, el del remordimiento; era un aspecto de mi vida que requería de importantes ajustes. Sin apenas percibirlo, había entrado en un bucle torturante. Recordando una y otra vez los errores que había cometido, recreaba mi memoria en ellos, incapaz de perdonarme. Eso agotaba mis reservas emocionales, robándome la alegría y haciendo que sobre mi hogar se cerniera un pesado manto de pesadumbre.

De nuevo, la imagen de María llenó mi mente. ¡Cuánto la amaba y qué injusto había sido con ella! Pocos días atrás, después de que descargara en ella otro de mis frecuentes episodios de autocompasión, llegó a casa con un recorte de prensa.

—Lee esto —me pidió.

Se trataba de unas palabras que el actor Anthony Hopkins pronunció en una entrevista:

Nos estamos muriendo por pensar demasiado. Nos estamos matando a nosotros mismos al pensar en todo, en especial en nuestros fracasos. Pensar, pensar, pensar... Cuidado con la mente humana, puede ser una trampa mortal.

—¿No te das cuenta de que ese es tu problema? —inquirió—. ¿No será que toca pensar menos y confiar y agradecer a Dios más?

«Hay enormes victorias ocultas en los pliegues de aparentes derrotas», había dicho mi viejo pastor esa tarde, y añadió luego: «Fracaso no es fallar, fracaso es no intentarlo».

La piedra del asiento ya estaba fría. Me incorporé y, de camino a casa, tomé firmes decisiones: cargar con el peso de un error, propio o ajeno, mata; no me corresponde llevarlo. Dejaré todo al pie de la cruz y rentabilizaré mis fallos convirtiéndolos en maestros.

Verdugo 13
Correr buscando atajos

Al día siguiente acudí a la blanca casa al inicio de la tarde. Mis temores no eran infundados. La mejoría de mi viejo pastor había sido una cruel broma, un juego al despiste de su enfermedad. Al entrar a su habitación me costó trabajo distinguir entre su rostro y la almohada; tan pálido estaba. No pudo incorporarse para abrazarme, pero su sonrisa supuso un abrazo sanador.

Me senté a su lado convencido de que esa tarde solo le haría compañía, pero no tendría fuerzas para hablarme.

Me equivoqué.

Giró su cabeza hacia mí y, aunque con una voz tan apagada que tuve que inclinarme hacia él para escucharlo, comenzó a hablar:

—Otro de los verdugos del ministerio habita en *esa actitud impaciente de buscar atajos al éxito* —dijo, y me miró con intensidad—. No tengas prisa, deja que los frutos maduren. No fuerces las puertas cerradas, déjalas que a su tiempo se abran. ¿Estás dispuesto a escuchar una historia?

Asentí con la cabeza mientras mantenía su mano arropada con la mía. El anciano inició su relato:

—Un viejo profesor quiso enseñar a un grupo de jóvenes emprendedores un importante principio. La mayoría de ellos acudían a sus clases buscando fórmulas de prosperidad instantánea. ¡No tenían tiempo que perder! ¡El mundo los esperaba!

Percibiendo el riesgo que los jóvenes corrían en su afán de encontrar atajos a la gloria, decidió darles una lección y para ello les convocó a una comida especial, en la que les aseguró que serían agasajados con alimentos sanos y nutritivos.

Conociendo la condición humilde de su maestro, muchos se preguntaban de dónde sacaría comida suficiente para que más de veinte muchachos de voraz apetito pudieran quedar saciados, pero aceptaron la invitación de buen grado.

Llegado el día, todos acudieron al lugar pactado y se encontraron con una mesa, en el centro de la cual reposaba una gran bandeja llena de fruta.

La primera reacción fue de decepción, ya que esperaban más variedad de comida, pero lo cierto es que el aspecto de la bandeja era impecable y atractivo: sobre ella convivía una gran diversidad de frutas de aspecto imponente. Llamaba la atención el destello que el sol arrancaba de las grandes y vistosas piezas.

En cuanto el maestro dio permiso, los chicos se abalanzaron sobre la comida y comenzaron a degustar la fruta.

Muy pronto, la mayoría escupía a tierra el primer bocado.

—¿Qué broma es esta? —gritaron.

¡Las frutas eran imitaciones hechas de plástico, corcho y gomaespuma! Perfectas en su acabado e impecables en apariencia, pero imitaciones al fin y al cabo.

—¿Por qué hizo esto? —le increparon indignados.

Tras sonreírles, el viejo maestro les explicó:

—Lo hice porque quiero que aprendáis algo que os será muy útil en el futuro. Estas piezas de apariencia atractiva, pero nada nutritivas, nos enseñan *la diferencia que hay entre fruto y producto.*

Una enorme interrogante se dibujaba en los rostros de los estudiantes, que no sabían a dónde quería llegar su maestro.

—¿Queréis atajos al éxito? Pues tales atajos no existen. Al menos no para alcanzar un triunfo firme y duradero. La urgencia es prima hermana de la precipitación, y ambas son enemigas de la excelencia. Esto que sostiene mi mano —mostró uno de los brillantes ejemplares que contenía la bandeja— parece fruto, pero en realidad es producto. Si queremos resultados rápidos, no podremos dar al mundo verdaderos frutos, sino solo imitaciones, puede que impecables en apariencia, pero nada nutritivas en esencia.

Acto seguido, el maestro señaló a la bandeja.

—Estas piezas se fabrican a gran velocidad. Surgen con una rapidez asombrosa y son adecuadas para decorar, pero no para alimentar. El auténtico fruto tiene un proceso más lento, tarda en brotar y aun después de nacer requiere de un tiempo de maduración hasta alcanzar su punto óptimo. Si solo queréis adornar, será suficiente con un título alcanzado a la carrera, pero, si lo que buscáis no es decorar, sino transformar, tendréis que ir más allá.

Se tomó un instante para asegurarse de que le entendían y prosiguió:

—El diccionario es el único lugar en el que «éxito» va por delante de «trabajo». En la vida normal, todo éxito comienza con esfuerzo. Habrá que trabajar duro para plantar la semilla, abonarla, cuidarla con esmero y paciencia y esperar a que el brote verde se convierta en árbol y dé fruto. Cuando esto ocurra, todavía será necesaria la espera paciente hasta que la fruta madure. En tres palabras: trabajo, paciencia y perseverancia. Eso es lo que marca la diferencia entre fruto y producto. No hay atajos a la excelencia. La criatura se desarrolla a su ritmo. No podemos acelerar el plan, hay que respetar los tiempos, porque al intentar precipitarlo solo conseguimos arruinarlo.

....

Detuvo aquí su discurso para respirar. Luego levantó paralelos los brazos y, con parsimoniosa solemnidad, concretó:

—Los inquietos y autosuficientes alumnos aprendieron ese día una gran lección de su maestro: la prisa es un obstinado enemigo de la excelencia.

El relato de mi viejo pastor me pareció un espejo en el que mirar mi ministerio. Cuando concluyó, me mantuve largo tiempo en silencio, impresionado por las enseñanzas que se desprendían de aquella historia.

Con cierta urgencia, mi viejo pastor me entregó una hoja de papel.

—¡Escribe, escribe! —me urgió—. Es importante que tengas claras las enormes diferencias que hay entre ministerio fruto y ministerio producto.

Apoyé el papel en precario equilibrio sobre mis piernas para tomar nota.

—Toma —me dijo pasándome su Biblia y sonriendo—. Apóyate aquí; no quisiera que luego no seas capaz de leer lo que has escrito.

Con voz quebrada y una cadencia lentísima, el anciano comenzó a enumerar los principios.

—El producto es manufacturado, es decir, solo requiere participación humana. El fruto, sin embargo, precisa que el cielo intervenga. Podemos tener los mejores profesionales cultivando la fruta, pero si el cielo no envía luz y agua no habrá resultados. Lo mismo ocurre con el ministerio: podemos ser eruditos estudiosos y asombrosos oradores; lograremos un sermón pulido, perfecto en su composición y asombroso en la exposición, pero, si el cielo no interviene, si solo actúa el factor humano, no obtendremos fruto que transforme, únicamente producto que asombre.

»Un ministerio producto es decorativo y de impecable apariencia; el ministerio fruto es transformativo y se centra en la esencia.

Y en este punto la mano de mi viejo pastor se posó en mi antebrazo para hacerme levantar la mirada del papel.

—¿Sabes, hijo? Desde el principio de mi ministerio decidí que mi iglesia no fuera un lugar de entretenimiento, sino un campo de entrenamiento; sin espectáculos que asombren, sino tiempos que transformen. Para eso no hay que orientarse en la apariencia, sino en la esencia. Pero sigamos avanzando —dijo con una sonrisa:

»El ministerio producto se fabrica, pero el ministerio fruto se cultiva, y por eso requiere tiempo, quietud, paciencia y no admite atajos. No podemos acelerar el plan de Dios, pero sí podemos retrasarlo e incluso arruinarlo. No tengas prisa por alcanzar la cima, ten paciencia para recorrer el camino. Deja que los frutos maduren; permite que las raíces horaden la tierra y alcancen profundidad; el crecimiento del árbol llegará a su tiempo y las ramas se extenderán y se cargarán de fruto. Pero tú ocúpate de las raíces y deja que Dios se ocupe de las ramas…

No fue larga la visita, pero dejó en mi mente infinidad de datos para analizar.

Apurando el último sol sobre el banco de piedra junto al camino, comprendí con una claridad asombrosa que todo aquello que hago puede ser fruto o producto. Un mensaje predicado, una canción entonada, un ministerio desplegado… Lo entendí de repente. Alcancé a ver la enorme dimensión de lo que Dios me estaba diciendo: mi función podía estar orientada a la apariencia o a la esencia. A decorar o a alimentar. A asombrar o a transformar. Si mi mensaje tiene gran dedicación humana, horas de estudio y una exégesis impecable, pero carece del «factor cielo», será un producto que tal vez asombre a quienes lo escuchen, pero no los transformará; sin embargo, si a todo lo anterior sumo la esencia espiritual, entonces el impacto traspasará la carcasa de las emociones para llegar al centro donde se producen los cambios. Supliqué en mi corazón la intervención del cielo en lo que hacía, para así poder saborear la dulzura de los frutos.

Verdugo 14

Incidir en la apariencia
más que en la esencia

Acudí el siguiente día con expectativa. No estaba seguro de que mi viejo pastor tuviera fuerzas para decirme nada, sin embargo, cada vez sentía más la necesidad de estar junto a él. Alguien dijo que echamos de menos las cosas y a las personas maravillosas justo cuando las perdemos. La inminente partida de mi viejo pastor hacía que sintiera un vacío terrible, por eso quería apurar los días a su lado.

Aunque sus fuerzas se escapaban a una velocidad asombrosa, su sonrisa no lo abandonaba ni un instante y ese gesto dulce exhalaba la profunda paz que había en su interior.

No hubo preámbulos más allá del saludo. Inició de inmediato la transmisión de sabiduría:

—Hijo, otro terrible verdugo del ministerio es *perseguir la apariencia más que la esencia* —dijo. Entonces tomó mi mano para continuar—: Mientras ejerces el ministerio, busca estar a disposición y no de exposición. Déjame que te cuente:

Un padre y su hijo paseaban por el bosque. Se detuvo de pronto el adulto, colocó su mano tras la oreja, como haciendo de pantalla, y le dijo al muchacho:

—¿Oyes ese ruido?

Mi viejo pastor no solo relataba la historia, sino que la dramatizaba. Con su mano tras la oreja emulaba al padre prestando oído al ruido al que se refería.

—Sí —respondió el niño—. Me parece que es el sonido de una carreta que se acerca por el camino.

—Correcto —admitió el padre. Luego precisó—: Se trata de una carreta vacía.

—¿Cómo sabes que está vacía? —inquirió el hijo—. Aún no podemos verla. ¿Por qué dices que está vacía? —insistió.

—Porque hace mucho ruido —dijo—. Las carretas vacías son más ruidosas que aquellas que van llenas.

Alentado por la atención del niño el padre decidió explicar:

—Al no llevar carga, el carro puede rodar más rápido. Se mueve veloz, pero no transporta nada.

Me miró el anciano interrumpiendo unos segundos su relato. Cuando estuvo convencido de mi extrema atención, lo reanudó.

Enseguida hizo su aparición un carruaje tirado por un mulo y ambos pudieron comprobar que el padre estaba en lo cierto, el carro no transportaba nada.

—¡Acertaste, papá! —exclamó el niño admirado.

—En la vida ocurre algo parecido —explicó entonces el padre—. Tuve ocasión de comprobar que la persona que transita por la vida colmada de tesoros suele transportarlos en silencio. Por el contrario, quienes ponen altavoz a sus logros, con frecuencia carecen de ellos. Hijo, irás comprendiendo que la profundidad aporta sigilo, quietud y moderación... Voces altisonantes que proclaman sus éxitos no convencen ni la mitad que un acto sencillo pero oportuno. Los verdaderos héroes huyen de los mecanismos de autopromoción. Les importa muy poco ser conocidos o reconocidos. Aprendieron que las acciones se reivindican solas y no precisan de publicidad; eso les permite centrarse en «hacer» sin gastar energías en la lucha por «aparecer», y el resultado es que sus hechos hablan más y mejor que sus palabras.

Si la historia fue instructiva, los comentarios que luego añadió no tuvieron el más mínimo desperdicio:

—Dicen los estudiosos del comportamiento humano que una de las necesidades de toda persona es la de reconocimiento, y concretan que en el varón esa necesidad se agudiza de forma llamativa. ¿Es bueno el deseo de ser reconocido? —inquirió mirándome, pero no aguardó mi respuesta—. Más que bueno o malo es natural, pero en su justa medida, no en una sobredosis. Cuando el deseo de aprecio se torna en requisito, cuando el ser conocido y reconocido adquiere el calibre de necesidad, entonces se convierte en un problema.

»Una vida de peso avanza con mesura y prudencia, sin ánimo de impresionar ni deseo de destacar —dijo—. Vivimos en una sociedad que fabrica famosos con rapidez. Los medios de comunicación masivos y el voraz apetito de carnaza que padecen las personas hacen que surjan celebridades en cuestión de días. La gran diferencia entre esas popularidades efímeras y los verdaderos líderes es que los primeros son como meteoritos que deslumbran un momento y se queman rápidamente; los líderes genuinos, sin embargo, son como estrellas que brillan de forma moderada pero estable, y marcan el camino en la oscuridad. Los que tomaron atajos a la fama, generalmente, suben como cohetes y bajan como rocas.

Y, tras esa sentencia, el anciano me retó primero con la mirada y luego con la contundencia de sus palabras:

—Mucho tiempo atrás, un veterano líder dirigió un discurso a un grupo de principiantes entre los que me encontraba: «Muchachos —nos desafió el experto dirigente—, cuando nos sentimos tan importantes que no hay espacio para otros, cuando nos creemos tan merecedores que nuestro pecho codicia todas las medallas, cuando nos imaginamos tan maravillosos que entendemos que todos deben elogiarnos, entonces llegó la vanidad, y la vanidad atrae a la miseria, y también a la estupidez, y ese clan nos vuelve mezquinos. ¿Entendéis? ¡Mez-qui-nos!».

Y en esa final sentencia me dirigió su mirada con una intensidad que casi intimidaba, pero que, a la vez, rezumaba bondad.

Caía la tarde cuando salí de la casa. Ya había convertido en un ritual, en una parte integral de la visita, el sentarme sobre el banco de piedra junto al camino. Desde allí fijé mis ojos en la superficie de tierra cubierta de hojas. El otoño comenzaba a desnudar los árboles, pero a la vez cubría el suelo de una alfombra vegetal en la que se mezclaban colores, predominando el ocre y el amarillo. Mi mente procesaba los importantes consejos del anciano. Mucho más importante que estar de exposición es vivir a disposición. Me llamó la atención de manera muy especial una de las frases con las que mi viejo pastor cerró su discurso: «Dios nunca ha elegido a sus siervos consultando las páginas de notoriedades. Pudiendo haber llamado a los más capacitados, prefirió capacitar a los llamados».

Muchas veces María me lo había dicho: «Tu matrimonio está sufriendo porque dependes demasiado de los vítores y aplausos. Vives en una montaña rusa de emociones, ¿no entiendes que las personas tienden a ensalzar hoy para denostar mañana? Si te dejas seducir por el anhelo de reconocimiento sufrirás un desequilibrio emocional tan pesado que terminará por aplastar nuestro matrimonio».

Y retomando a paso lento mi camino a casa, las últimas sentencias del anciano reverberaban como fuego vivo en mi memoria:

—¡Busca ser íntegro! —me urgió—. El mundo está cansado de vidas que deslumbran pero no alumbran. Necesita siervos que no solo brillen por fuera, sino que estén sanos por dentro...

—No estoy seguro de entenderle —confesé.

—La integridad es un requisito imprescindible en quien sirve a Dios...

—Ser honesto, ¿verdad?, a eso se refiere...

—No, hijo, no te confundas, ser honesto no es lo mismo que ser íntegro —dijo con ternura, a la vez que con firmeza. Entonces aclaró—: Ser honesto es hacer cosas buenas, ser íntegro es ser una persona buena, sin doblez, sin dobles fondos, sin fingimientos. Es posible hacer cosas buenas sin que la genuina bondad impregne nuestro ADN... Honestidad habla de lo que yo hago; integridad, de lo que yo soy. La honestidad apunta a lo que digo; la integridad, a lo que pienso. Honestidad habla de mis actos públicos; integridad se refiere a lo que hago en privado, cuando nadie me ve.

—Pero ¿quién puede alcanzar la perfección? —mi voz sonó como de quien está a la defensiva.

—De nuevo te confundes —respondió, su sonrisa atenuó el reproche—. Ser íntegro no es ser perfecto, sino sin doblez. Lo contrario de integridad no es imperfección, sino duplicidad. No tenemos que ser perfectos… de hecho, hace años que quienes nos rodean saben que no somos perfectos. Pero ellos no esperan nuestra perfección, sino nuestra honestidad y coherencia.

Verdugo 15

Aceptar la orfandad espiritual

El viento soplaba con fuerza y era agradable sentirlo en el rostro, fresco y vivificante mientras caminaba hacia la casa de mi viejo pastor. Acudía algo más tarde que de costumbre, pues varias diligencias me tuvieron ocupado durante el día. La calle se iluminó al encenderse las farolas de hierro forjado que en dos líneas convergentes se perdían en la lejanía entre los tilos.

El puño de bronce que hacía las veces de llamador aún conservaba un resto de calor cuando lo descargué sobre la puerta.

—Espero que no sea demasiado tarde —dije con tono de disculpas cuando Raquel me abrió—. Hoy el día ha sido abrumador…

—No te preocupes —sonrió, precediéndome hacia la habitación de mi viejo pastor—, durmió buena parte de la tarde, así que no le entrará sueño fácilmente.

Me detuve en el dintel de la puerta y observé que mi viejo pastor tenía la mirada orientada a la ventana desde la que se apreciaba una generosa porción de cielo nocturno. Las nubes se habían retirado todas por efecto del viento y el firmamento parecía un lienzo negro moteado de puntos brillantes que el anciano contemplaba absorto.

—Nunca imaginé que hubiera tantas estrellas como las que a simple vista se divisan desde aquí —dije antes de que me viera.

—¡Hola, hijo! —brilló su saludo, lo mismo que su sonrisa—. ¡Pensé que hoy no vendrías!

—No quería dejar pasar el día sin acercarme a saludarlo; pero no le quitaré mucho tiempo. Sé que es tarde.

—No te preocupes; para mí todas las horas son iguales. De día contemplo el azul del cielo y de noche intento contar los puntos que brillan ahí arriba —dijo señalando hacia la ventana—. ¡Qué variedad de estrellas tan increíble!, ¿verdad?

—¿Variedad? A mí me parecen todas iguales.

—Ni mucho menos —objetó—, hay grandes diferencias que se aprecian con claridad. Y, si hubiera menos contaminación lumínica o miraras con un telescopio, aún lo notarías más. Hay estrellas de todos los colores. Unas están lejos, otras cerca.

Me apoyé en el alfeizar de la ventana y sumergí mi vista en el vasto firmamento.

—Es realmente hermoso —reconocí—, pero yo me pierdo en esa maraña de luces.

—Mira, es muy fácil, apaga la luz y abre las dos hojas de la ventana, por favor.

Abrí el ventanal de doble hoja, lo que permitió que, con la habitación a oscuras, mi viejo pastor, aun desde la cama, pudiera otear el cielo como si fuera una pantalla gigantesca.

—¿Ves aquella tan luminosa, la que está en la esquina superior derecha del ventanal? Es Sirio, la más visible de todas, en la constelación del Perro Mayor. Se distingue muy bien porque está muy cerca. La luz que vemos ahora la emitió hace solamente nueve años. Hacia abajo, a la izquierda, sin salir del Perro, te encuentras Wezen. Aunque te parezca que está junto a Sirio, está lejísimo de ella, la luz que estás viendo la emitió hace más de dos mil años, pero es cien mil veces más potente que el Sol. Es una supergigante, un monstruo. Lástima no tener ni siquiera unos prismáticos. Si prolongas la línea que hacen Sirio y Wezen, llegas hasta Betelgeuse, en la constelación de Orión.

Continuó señalándome muchas más estrellas, explicándome lo grandes o pequeñas que eran, el color que tenían si las observabas a través de un telescopio.

—¡Qué maravilloso artista es Dios! —exclamó por fin—. Aun la noche la llenó de luz y color.

—¿Cómo es que conoce las estrellas con tanta precisión?

—Hay dos razones de peso —respondió—. La primera es que, como te dije, hastiado de la oscuridad de abajo, decidí bucear entre las luces de ahí arriba —dijo asintiendo con la cabeza. Entonces añadió—: La segunda razón es que quise ser astrónomo...

—¿Astrónomo? —repliqué con perplejidad—. ¿Lo dice en serio?

—Totalmente —sonrió—. La afirmación del salmo 19: «Los cielos cuentan la gloria de Dios, y el firmamento anuncia la obra de sus manos», supuso un poderoso aliciente para dedicarme a un estudio más serio del firmamento. Si el cielo era portavoz de noticias tan gloriosas, yo quería escucharlo con atención; no quería perder el mensaje que los cielos anunciaban, y el resultado fue sanador. Esa fue mi vocación primera. Pensé que llegaría a serlo, pero, como alguien me dijo: si quieres hacer reír a Dios, cuéntale tus planes.

Dijo esto último riendo, y al verle pensé que la risa de Dios debería ser muy parecida a la de ese anciano que me hacía sentir tan cerca del cielo solo con hablarme.

—Dios tenía para mí planes diferentes... Mis objetos de estudio también estarían en el cielo, pero serían entidades infinitamente más grandes que las estrellas —dijo, volviendo a reír como broche a su discurso.

—Me alegro mucho de verlo tan animado —le dije—; pero es tarde y no quisiera quitarle tiempo de su descanso, así que me iré en breve…

—Antes de que te vayas hay algo que quiero que escuches.

Se rebulló en el colchón y acomodó la almohada tras su cabeza; entonces siguió hablando.

—Otro importante verdugo del ministerio es *aceptar «la orfandad espiritual»*. Hijo, no aceptes ser huérfano espiritual; necesitas un padre.

La convicción con la que hablaba me resultaba inspiradora, a la vez que dolorosa. Sentí que al referirse a la orfandad estaba haciendo una velada alusión a su próxima partida; me animaba a buscar otro mentor que cubriera su ausencia. Mientras reflexionaba en ello, su voz volvió a advertirme:

—Servir a Dios no te inmuniza. No importa lo alto que llegues; cuanto más arriba te sitúes, más peligro corres, porque, si te deslizas, peor será la caída. Cuanto más te use Dios, más vulnerable serás. Protégete cada vez que hayas de ministrar, pero redobla esos cuidados después de haber ministrado. Una vez concluida tu misión, zambúllete en el corazón de Dios y deja que te envuelva su latido vital. La oración y el cuidado de un mentor espiritual serán para ti un certero escudo. Ese padre espiritual tendrá tu autorización expresa para corregirte, orientarte y exhortarte. Con frecuencia, no somos nada objetivos al estar inmersos en la vorágine del ministerio, y precisamos de la opinión mesurada de alguien con suficiente experiencia y que mira nuestro camino con la perspectiva de una prudente distancia. Su opinión será un seguro de vida para nosotros… A eso me refiero, hijo, a que, junto a los tuyos, tengas otros ojos, cuya visión esté filtrada por el tamiz de la experiencia, y que observarán tu camino para advertirte de los peligros.

—Me he dado cuenta de que cuando estoy cansado soy emocionalmente débil —confesé.

—Te comprendo perfectamente —asintió—. Ministrar de parte de Dios genera un gran desgaste, y entonces bajan nuestras defensas; eso es cierto, pero también lo es que de esa erosión nos recuperamos rápidamente en los brazos de Dios. Cuanto más intenso sea tu ministerio, más necesidad tendrás de su presencia.

Entonces se detuvo y meditó unos instantes: Lo percibí dubitativo, como si valorase la conveniencia de decirlo o no. Finalmente habló:

—He viajado mucho, quizá más de lo que hubiera querido, pero casi siempre por razones del ministerio. En ese tiempo hubo algo que, por imperiosa necesidad, convertí en un ritual: cuando llegaba al hotel después de un día de intenso ministerio, apenas tocaban mis pies la moqueta de la habitación, hincaba mis rodillas para hablar con Dios; le contaba cómo me sentía. Si estaba triste o alegre, si me percibía vencedor o extremadamente débil. Era ese un tiempo de renovación en que buscaba abrazarlo y dejaba que él me abrazase. Necesitaba sentir, recordar, percibir, que él compartía ministerio y habitación conmigo. Lo siguiente que hacía era llamar a casa para hablar con Raquel... para decirle que la amaba y escuchar de ella un «te amo». Necesitaba recordar que en mi hogar había alguien que aguardaba mi regreso, y que esperaba que el hombre que llegase a casa fuera tan íntegro, al menos tanto, como el que salió de allí.

»Pero, además de esa determinante disciplina, precisarás de la cobertura, oración, consejo y protección de un mentor espiritual, ¡al menos uno! No te quedes huérfano. Necesitas un padre, al menos uno... No te quedes huérfano —repitió conmovido, y en este punto se le quebró la voz. Con un sollozo que pareció un ronquido de tan hondo, apretó mi mano, que había puesto yo en la suya.

El silencio que siguió pareció cargado de presagios. ¿Por qué aludió esa noche a la orfandad? ¿Acaso presentía algo? Ni una sola de sus palabras era una bala al aire, sino munición que orientaba a la conciencia y

siempre daba en el blanco. Cada verbo y adjetivo parecían cuidadosamente calculados.

Se rehízo mi viejo pastor y me pidió:

—¿Podrías tomar un pedazo de papel y un bolígrafo?

—¡Claro! —contesté, buscando en el bolsillo interior de mi chaqueta—. Desde que inicié los encuentros con usted siempre llevo esta
libreta conmigo; cuando menos lo espero escucho cosas que debo escribir para luego reflexionar.

—Muy bien, hijo —asintió débilmente—. Dibuja en el centro de
la hoja un círculo dentro del cual escribirás tu nombre. Luego, de ese
círculo saldrá una flecha hacia arriba, otra hacia abajo, una más hacia la
izquierda y por último otra a la derecha.

—¿Está bien así? —inquirí, mostrándole el esquema que había
dibujado.

—Está perfecto —elogió—. Lo que quiero que recuerdes al ver
este esquema es que tus relaciones deben incluir esas cuatro vertien-
tes. La flecha de arriba corresponde a tu mentor o padre espiritual; de
él recibirás consejo y dirección, pero también debe estar autorizado a
intervenir con corrección cuando la situación lo requiera. Un mentor te
evitará muchos tropiezos y errores. Su experiencia te servirá de referente. Luego, la flecha de la derecha se refiere a tu hermano mayor; lo que
de él recibirás es consejo y apoyo. La flecha de la izquierda corresponde
a tus compañeros. Necesitas entablar y mantener relación y amistad con
otros pastores y siervos: de ellos recibirás acompañamiento en el camino. Sabrán escucharte porque comprenden tu corazón y están viviendo
las alegrías y desdichas que tú mismo vives. Y, por último, la de abajo
identifica a tus hermanos pequeños, a los que te corresponde ayudar,
acompañar y por los que debes velar.

Había pronunciado las últimas palabras con un hilo de voz, como
si se hubiera ido quedando sin aire, como si se le hubieran escapado las

fuerzas, como si fuera incapaz de llegar hasta el final. Respiró hondo y se pasó las manos por los ojos como si deseara secarse unas lágrimas que no existían.

Luego extendió su mano y aferró la mía con más cariño que energía.

Ya en el exterior, volví a consultar aquel esquema que ya me acompañaría siempre.

Nuestro encuentro de esa tarde apenas había durado cuarenta y cinco minutos; tal vez la más corta de mis visitas. Me dijo «adiós» en la despedida y se resistió durante varios segundos a soltar mi mano; fueron segundos en los que pude ver que una lámina de agua se mecía en su mirada.

Mi viejo pastor estaba débil; sus reservas de energía se agotaban. Pero desde su extrema fragilidad seguía proveyéndome de enormes dosis de sabiduría y vigor.

Tercera parte

Un final y un nuevo comienzo

El sueño

Es lunes. Sin embargo, aunque lunes, llueve atrozmente, desconsideradamente, desastradamente.

He dormido mal y desperté muy temprano.

Hace ya largo rato que me levanté y abrí las vidrieras del mirador; el cielo estaba de color alquitrán y parecía como noche cerrada. Luego, un benévolo viento fue retirando las sombras y ahora veo cómo, tras la cortina de lluvia, se dispone despacio a amanecer. Con lentitud se amplía el naranja en el horizonte. El extremo norte se acerca verdeando también con implacable delicadeza.

He visto amanecer cientos de veces, y sin embargo hoy... ¿por qué siento que es distinto?

Un pesado desasosiego oprime mi pecho y estrecha mi garganta. Tal vez la culpa la tiene el breve sueño que tuve —o que a mí me tuvo— y que me hizo despertar sobresaltado, para no volver a dormir.

En él me veía transitando una tierra árida y ardiente; todo un desierto. La superficie del suelo estaba agrietada y tan caliente que desprendía vaharadas de humo. Caminaba fatigado, al borde de la extenuación; sin embargo, avanzaba con determinación, como si conociera mi rumbo exacto y también mi destino.

Al coronar una elevada duna lo vi rápidamente...

—¿Qué fue lo que viste?

La voz, a mis espaldas, me ha sobresaltado. Al girarme encuentro los ojos de María, dibujados sobre su irresistible sonrisa. Mi relato, narrado inconscientemente en voz alta, la ha despertado.

—Me asusté al oír que hablabas solo —se ríe—. Ahora me tienes en ascuas. Dime, ¿qué fue lo que viste?

—La cruz —le digo—. Estaba allí: en el corazón del desierto. Se alzaba imponente y poderosa. Pero lo que más llamó mi atención fue que toda ella estaba cubierta de hojas verdes y de rosas, como si en la reseca madera hubiera estallado la primavera. Las rosas que la cubrían, todas rojas, eran de una carnosidad inusitada y sus pétalos relucían como el cristal.

—Ha sido un sueño precioso —me dice María envolviendo con su brazo mi cintura—. No entiendo por qué estás tan angustiado.

—No le vi.

—¿A quién no viste?

—Busqué a mi viejo pastor —susurro estremecido—. Le busqué por todos lados, haciendo visera con mi mano sobre los ojos y forzando la vista en todas direcciones, pero él no estaba, ¿entiendes?

—¿Tenía que estar? —interroga María.

—Sí —respondo con angustia—. En mi sueño anterior estaba, ¿recuerdas? Arrodillado al pie de la cruz, señalándome a mí con una mano y apuntando a la cruz con la otra. Pero ahora no estaba.

Un estremecido silencio se ha creado entre los dos; un mutismo cargado de presagios. Percibo en su mirada la alarma que ella debe percibir en la mía.

La lámpara del recuerdo enciende en mi mente el lema de nuestro viejo pastor y lo recito:

—«Nací a la sombra de la cruz, quiero vivir anclado a ella y que sea la escala que me alce a su presencia cuando llegue mi tiempo».

—Podría ser… —María no termina la frase. En sus ojos leo TEMOR, escrito con mayúsculas—. Tal vez… —no se atreve a continuar.

—Tal vez —rebelo lo que ella teme desvelar— no está a la sombra de la cruz porque esta se ha convertido ya en su escala…

La inquietud se apodera entonces de ella y me pide encarecidamente:

—A ver, cuéntamelo otra vez. Cuéntame todo lo que has visto.

La ansiedad con que me pregunta no favorece mi tranquilidad; al contrario, su nerviosismo acrecienta el mío. Relato de nuevo cuanto he soñado.

—¡Espera! —le digo—. ¡Recuerdo algo más! Al final de mi sueño mantuve mis ojos en la parte más alta de la cruz y desde allí observé nubes, muchas nubes, infinitas nubes blancas que parecían indicar el único camino a seguir: más arriba, más arriba… ¡Hasta el fin del cielo!

Cuando termino, miro el reloj; son las cinco y media de la madrugada. Pese a lo intempestivo de la hora, no puedo esperar y comienzo a vestirme.

Ella lo hace más rápido que yo y tira de mí cuando aún estoy abotonándome la camisa.

—¡Vamos! —camina hacia la puerta sin soltarme. La presión de su mano en la mía me hace daño. Nerviosa, vuelve a insistir—: ¡Vamos! ¡Tenemos que verles!

Silencio atronador

Nos detenemos a escasos metros de la puerta azul.

Todo es silencio. Aún más que de costumbre.

Incluso los pajarillos han enmudecido.

Hasta el viento se ha detenido, confiriendo al ambiente un toque casi lúgubre.

—Qué quietud más estremecedora —dice María sin atreverse a levantar la voz más allá del susurro.

Yo permanezco callado, pero quise haberle dicho que, más que quietud, aquello era muerte.

Un vértigo me sube desde el estómago, creciendo y mordiendo. Siento encogido el corazón y una fuerte presión en la garganta me impide respirar con normalidad; es un presagio de orfandad. Algo parecido a una náusea seca se aferra a las paredes de mi estómago. Tengo que apoyarme en un árbol, a punto de desvanecerme.

Tras unos instantes en que recupero el resuello y, ayudado por María, recorremos lentamente el último tramo y, a dos pasos de la casa, nos detenemos, justo cuando la puerta se abre y aparece Raquel.

Sus ojos nos enfocan con una serenidad infinita, pese a que sobre sus retinas hay impresos mil mensajes con sabor a despedida.

No es necesario que lo diga; sus ojos ya lo han gritado: él ya no está.

Raquel no llora...

Ni siquiera cuando María corre hacia ella y la abraza; ni cuando me acerco y beso su mejilla articulando un torpe «lo siento».

Ni siquiera cuando los tres permanecemos largo rato abrazados, sin saber qué decir.

No. No sabemos qué decir, ni ella precisa que digamos nada.

Tras unos minutos que se me antojan varias vidas, Raquel deshace el abrazo y vuelve a mirarnos con sus ojos, que son hoy graves, yo diría que tristes y desolados. Me recuerdan a dos pedazos de mar en los que el agua se agita.

—Está con él —sus palabras se mecen como plumas antes de posarse en nuestra alma.

—¿Orando? —pregunto con más nerviosismo del conveniente—. ¡Dígame que está orando! ¡Dígame que está con él porque está orando!

—Se ha deslizado de la vida dulcemente, sin perder la calma ni la quietud ni la sonrisa.

Me flaquean las piernas. Se acerca María y me sostiene. Siento primero una arcada que me dobla el cuerpo y luego un vacío que va haciéndose espacio en el estómago.

—Está con él —repite, asintiendo levemente con la cabeza—. Era su íntimo anhelo. Anoche, antes de dormirse, se giró hacía mí y, besándome, me dijo: «Nos veremos». Me sonó extraño, pero me dormí razonando: «Claro, nos veremos en la mañana».

Raquel calla un instante, necesita rehacerse.

—Pero no era eso lo que quería decirme… No era eso, no; ya sentía cómo Dios lo llamaba y me estaba citando en aquella mañana donde ya nunca las despedidas desgarrarán el alma.

Y, mientras ella habla, yo recuerdo la palabra que selló nuestro último encuentro: «Adiós», me dijo mientras lloraba, y cada una de sus lágrimas llevaba escrito el mismo mensaje.

Raquel sigue detallando los sucesos de ese amanecer:

—Al despertar y no verle, me asusté. Le busqué en la cocina. ¿Habría tenido fuerzas para ir a prepararse un café? Siempre, antes de que la enfermedad se lo impidiera, tomaba su café nada más levantarse; «Me recarga las pilas», decía. Pero no había en la casa aroma a café, sino a vacío. ¿Sabéis que las ausencias dejan un olor peculiar? —pregunta sin aguardar nuestra respuesta—. Es un olor indescriptible que a veces intoxica… Seguí, no obstante, buscando. Lo hice en el porche, donde a menudo disfrutaba viendo amanecer, y yo sentí que anochecía al no encontrarle en su mecedora, ni ver tampoco a los pajarillos que acudían a comer el pan desmenuzado que él les arrojaba —cuenta; entonces guarda un brevísimo silencio y amaga una sonrisa—. Le encontré por fin... ¡cómo no se me había ocurrido antes! Estaba en su despacho, arrodillado sobre su viejo almohadón. Su máximo deleite, su necesidad ineludible, eso no recargaba sus pilas... eso le daba la vida.

Raquel continúa su relato, ensimismada, como reviviendo el momento a la vez que lo narra:

—Aun desde la puerta supe que sobre aquel almohadón solo descansaba la áspera cáscara del cuerpo. Él surcaba un cielo más alto... respiraba un aire mucho más limpio.

Guarda un instante de silencio, como estudiando la imagen que luego describe:

—Tenía la cabeza recostada sobre su brazo derecho, y con la mano izquierda protegía la cruz que hay impresa en la tapa de su Biblia... Terminó su viaje apoyado en la cruz.

—«Nací a la sombra de la cruz, quiero vivir anclado a ella y que sea la escala que me alce a su presencia cuando llegue mi tiempo» —recito el lema de vida de mi viejo pastor.

Raquel cierra sus ojos, como evocando ese momento, y sigue relatando:

—Me arrodillé a su lado y besé su mano. Me supo a tinta y lágrimas. Era lo que hacía en sus últimos días: oraba, meditaba y escribía...

Siento un temblor muy extraño, no recuerdo que nunca antes me haya embargado una emoción tan intensa.

María no habla; mira al suelo, donde la humedad de sus lágrimas ha formado un charco diminuto.

Me vuelvo hacia la casa, hacia la puerta abierta, y deseo con todas mis fuerzas ver aparecer a mi viejo pastor con sus brazos extendidos, como siempre, brindándome su amorosa bienvenida.

Girando mi rostro hacia Raquel, pido permiso con la mirada, y ella consiente. Solo entonces entro y busco el despacho, aquella pequeña habitación que durante muchos lunes ha sido rincón de confidencias y sala de curas para mi alma.

Su sillón.

Allí está.

Ocupo mi asiento de cada día, frente a él, y lo miro. ¡Cuánta sabiduría brotó desde aquella tapicería desgastada! Aquel sillón... ¡Cuánta autoridad lo ocupó! ¡Qué enorme vaciedad lo ocupa ahora!

En sus huellas

Inclino mi rostro, presa de un insoportable ataque de soledad, y, al hacerlo, mis ojos se posan sobre el almohadón que descansa en el suelo.

Aún conserva las marcas de mi viejo pastor.

Me aproximo y apoyo mis rodillas sobre las hendiduras que dejaron las suyas. Juraría que la tela está caliente, como si una antorcha viva lo hubiera inflamado y me contagiara ahora de esa llama.

«A veces me postro deshecho, pero siempre me levanto rehecho», me había dicho.

Y, mientras adoro, descubro la esencia de ese mensaje.

Pueden haber pasado unos minutos o varias horas cuando siento que a mi lado se arrodilla María.

Compartimos el almohadón, y tengo la hermosa sensación de que junto con nuestras rodillas se unen también nuestras almas.

Me mira mientras susurra:

—Alguien debe ocupar ese lugar... Alguien debe continuar su labor.

Tomo su mano mientras cerramos los ojos en oración.

—Heme aquí, Señor —las palabras brotan de mis labios a la vez que las lágrimas lo hacen de mis ojos—, heme aquí, heme aquí...

—Henos aquí... —la voz de María hace coro con la mía—, henos aquí, Señor...

Cuando Raquel se aproxima y posa suavemente sus manos sobre nuestras cabezas, sentimos inaugurado un nuevo tiempo. Estamos siendo comisionados...

En mis ojos encharcados danzan nuestras manos unidas, y bajo ellas resplandece, como fuego, la cruz bordada que decora el almohadón.

Sé que, por fin, he encontrado mi lugar. Nuestro lugar. Amparados bajo la cruz. Arrodillados sobre ella...

La tarde está avanzada cuando salimos de la casa. Me parece aún por la mañana y, sin embargo, el sol, poco a poco, se da por vencido y la noche va imponiendo su reino de sombras. Aunque no dentro de mí, porque allí se inaugura un nuevo día.

Sentado en el coche, antes de arrancar, me quedo mirando al frente un rato.

—¿En qué piensas? —me dice María, poniendo su mano sobre mi rodilla.

La miro; aun con los ojos hinchados y enrojecidos a causa del llanto es bella.

—¿En qué piensas tú? —le digo.

—En una frase de Isabel Allende: «La muerte no existe; la gente solo muere cuando la olvidan. Si puedes recordarme, siempre estaré contigo». Y pensaba que nuestro viejo pastor no ha muerto ni morirá, porque siempre estará vivo en nuestro recuerdo —dice, y vuelve a poner su mano en mi rodilla—. Ahora tú, ¿en qué piensas?

—Uno de los días en que vine a visitarles, luego, de regreso a casa, me senté sobre un banco de piedra junto al camino. Me parecía imposible encerrarme en casa con una noche tan bella.

»Justo frente a mí había una pradera, y vi cómo un hombre y un niño, seguramente su hijo, se sentaron sobre la hierba. El niño se tumbó cuan largo era, dejando reposar su cabeza sobre las piernas del adulto, y miró al cielo nocturno con gesto de fascinación. El embeleso con que el niño observaba las estrellas no pasó inadvertido para el hombre, quien le preguntó: «¿En qué piensas, hijo?». Hizo un esfuerzo el muchacho, buscando la manera de expresar sus pensamientos, y finalmente dijo: «Papá, si la parte de afuera del cielo es tan bonita, ¿cómo será la parte de adentro?».

Enterré, yo también, mis ojos en aquel cielo bellísimo y adoré.

—Allí es donde está ahora él —dice María, tomando mi mano—. Nuestro viejo pastor ya ha conocido la parte de adentro.

Una caricia de luz en mi rostro me saca de mi ensueño.

Comienza el cielo a verdear. ¡Está amaneciendo! Los pájaros iniciales pían levemente en un presentimiento balbuceante del día; los más osados se llaman y reclaman ya unos a otros.

Sorprendido, miro el reloj. El pequeño recuadro a la derecha de la esfera me dice que es veinticuatro de junio y las dos manecillas denuncian que llevo más de seis horas embebido en el recuerdo.

Mientras el sol se alza entonando su himno de oro, yo sigo vistiendo el leve batín sobre el pijama de verano. Sin apenas ser consciente, he pasado la noche recorriendo en mi imaginación la blanca casa donde tuvo lugar mi restauración.

Sobre la mesa reposan los papeles que intenté repasar en la vigilia; una suave brisa los agita como pañuelos en una despedida. Lejos de emplearme en corregirlos, he pasado la noche junto a mi viejo pastor… reviviendo sus últimos consejos, paladeando el néctar que me regaló desde su sala de espera mientras aguardaba la definitiva llamada.

Tomo rápidamente un bolígrafo y en el reverso de esos folios resumo a vuelapluma lo referente a los verdugos del ministerio que me apremió a distinguir. Mientras escribo, la figura de mi amigo —el que irrumpió en mi tiempo sagrado a lomos de un WhatsApp— se mece en la superficie de mi conciencia. «No puedo seguir pastoreando», me dijo. «Dame unos días antes de abandonar», le pedí.

Tomo mi teléfono y redacto un breve texto citándolo al final del día en la cafetería. A punto de pulsar el icono de «enviar» reparo en mi error y rectifico: «Mejor lo cito en casa. Si hemos de llorar o reír, es preferible hacerlo bajo la mirada de Dios y no en el punto de mira de doscientos ojos».

Ahora sí, tengo cosas que decirle: quiero recordarle que servir a Dios es el privilegio más alto al que pueda aspirar una persona. Que, si Dios me regalara otra vida, querría invertirla en lo mismo, exactamente en lo mismo en que he invertido esta. Le diré que es posible, ahora lo sé, servir con gozo, a pesar de los inviernos, de sueños interrumpidos, de privaciones y decepciones, y a pesar de nosotros mismos también. Le diré también que en las vigilias más frías el corazón de Dios es una deliciosa almohada sobre la que recostar la cabeza y soñar... y despertar luego para perseguir ese sueño.

—¡Bonita taza! —exclama María, que ha salido al jardín y señala al tazón vacío sobre la mesa, el que contuvo la leche tibia que tomé anoche—. «No pongas límites a tus sueños» —lee el texto impreso en la vasija y opina—: un buen eslogan para adoptarlo como lema de vida.

Toma asiento a mi lado y conversamos. Le cuento mi noche de recuerdos junto al viejo pastor y a Raquel.

—Cuanto más medito en sus consejos, más me afirmo en la idea de que el anciano recogía sus palabras en el mismo corazón de Dios.

María acude a sus quehaceres y yo empleo muchas horas —la mañana y la tarde entera— en redactar con pormenores los principios recordados en la noche de vigilia. Consulto con meticulosidad las notas que tomé en los encuentros con mi viejo pastor, hasta que el timbre de la puerta me hace recordar la cita con mi amigo.

Lo abrazo en el saludo, y revivo el momento en que los brazos de mi viejo pastor me arroparon a mí en la noche más oscura del alma.

Su rostro luce más relajado, aunque las oscuras ojeras que enmarcan sus ojos denuncian que él tampoco durmió esa noche.

—¡Ven! —me dice tirando de mi brazo—. Sal afuera.

En el exterior señala al suelo.

—¿Ves esa cruz?

El sol, cayendo tras la casa, arroja sombras larguísimas al frente. La antena, sobre el tejado, y el perfil de la casa, dibujan una perfecta cruz sobre la tierra.

—Me impresionó verlo al llegar —comenta—. Me dio la sensación de que el tramo final hasta la puerta de tu casa lo hice caminando sobre la cruz.

—No es mala opción —le digo sin apartar la mirada de aquella cruz que parece extenderse hasta el infinito—. Convertirla en camino que nos lleva a la restauración… No es mala opción, en absoluto.

Decidimos sentarnos afuera, en el jardín, bajo la suave caricia del sol.

Mientras converso con él, María trae una jarra con agua y unos zumos y luego toma asiento a nuestro lado. No hay nada que no deba oír: ella recorrió junto a mí el páramo sombrío que ahora pisa nuestro amigo.

A lo largo de dos horas, compartimos con él acerca de los verdugos del ministerio. Decenas de veces asiente, reconociendo en nuestro relato a los enemigos que le han robado la paz, la pasión y la esperanza, a los verdugos que a punto estuvieron de aniquilarlo. Toma notas febrilmente, pregunta y objeta; él es la esponja y nosotros el agua. Absorbe y observa; bebe como tierra seca la fina lluvia de nuestra experiencia.

—Creo que tomé nota de todos —me dice finalmente—. ¿Puedes repetírmelos?

—¿Perdón?

—Los verdugos del ministerio —me indica—. Quiero estar seguro de que tomé nota de todos.

—¡Claro! —le digo—. En este orden lo estuve recordando —y comienzo a recitar:

- Trabajar en la obra de Dios descuidando al Dios de la obra

- Olvidar que a menudo la gracia viene envuelta en desgracia

- Desconocer que, ante los abismos de la vida, la cruz es nuestro puente

- Orientar el esfuerzo a complacer más que a influir

- Exponernos a las personas en público más que a Dios en privado

- Soberbia: un atajo al abismo

- Poner el ministerio por delante del matrimonio

- Olvidar que mejor que ser su siervo es ser su amigo

- Remar en muchos barcos y sostener demasiadas riendas

- Gestionar el ministerio con poder en vez de con autoridad

- Rendirnos a la fascinación de los resultados tangibles

- Acoger las dos erres: rencor y remordimiento

- Correr buscando atajos

- Incidir en la apariencia más que en la esencia

- Aceptar la orfandad espiritual

—«Y, cuando la vida se torne dura y la oscuridad se cierna en torno a vosotros, cuando la pendiente se os antoje pronunciada y el peso llegue a ser extenuante, fijaos, entonces, en los principios. Los finales son cruciales, pero también lo son los principios...».

María ha recitado las palabras que mi viejo pastor dejó, como legado póstumo, anotadas en un pedazo de papel que los dos encontramos en el fondo del cofre que me entregó Raquel, el que contenía los quince pergaminos.

Mi amigo la observa extrañado; yo hago lo mismo.

—¡Fijaos en los principios! —repite ella con gran énfasis.

—¿Qué quieres decir? —inquiere él, verbalizando la duda que ambos tenemos.

María toma la libreta en la que mi amigo ha escrito, en renglones torcidos y con trazos desiguales, la relación de verdugos del ministerio. La gira hacia ambos y con su dedo índice, con la uña de su dedo, va aplicando una ligera presión sobre la letra que inaugura cada línea.

Yo lo veo primero. Él, enseguida, también...

—¡Menuda frase! —exclama sacudiendo su mano derecha en el aire. Luego me mira y repone—: Sigues tan creativo como siempre.

Tomo la hoja con los enunciados y vuelvo a leerlo, perplejo:

Verdugos del ministerio

Trabajar en la obra de Dios descuidando al Dios de la obra

Olvidar que a menudo la gracia viene envuelta en desgracia

Desconocer que, ante los abismos de la vida, la cruz es nuestro puente

Orientar el esfuerzo a complacer más que a influir

Exponernos a las personas en público más que a Dios en privado

Soberbia: un atajo al abismo

Poner el ministerio por delante del matrimonio

Olvidar que mejor que ser su siervo es ser su amigo

Remar en muchos barcos y sostener demasiadas riendas

Gestionar el ministerio con poder en vez de con autoridad

Rendirnos a la fascinación de los resultados tangibles

Acoger las dos erres: rencor y remordimiento

Correr buscando atajos

Incidir en la apariencia más que en la esencia

Aceptar la orfandad espiritual

—«TODO ES POR GRACIA» —leo, sorprendido—. Te aseguro que no lo hice adrede —confieso—. Pero el resultado es ciertísimo.

—Ya lo ves —comenta María—, los mismísimos verdugos se confabulan para declarar esa gloriosa verdad...

—Nada ocurre gracias a nosotros —desvelo la verdad que aún los verdugos confiesan—, sino a pesar de nosotros y por la inmensa gracia de Dios. Su gracia que nos sostendrá siempre. Casi nada depende de mí, porque todo depende de él. Todo lo que nos toca es adoptar la firme decisión de mantener la cruz en alto y proseguir, con toda la dignidad posible, la sublime obra que nos ha sido encomendada.

—Es lo que anhelo —me dice—, desarrollar la obra que me ha sido encomendada... Pero... —titubea al confesar—, siento que no puedo, creo que no sirvo...

—Amigo —le contesto, y con mi mano bajo su mentón le hago levantar la cabeza—. Si te miras al espejo y no te gusta lo que ves, no le creas. Mírate en los ojos de Dios; mírate en su corazón.

—No es tu aptitud, sino tu actitud lo que determina tu altitud —me recuerda María, mirándome—. También él nos lo dijo.

—Solo debo hacer lo natural, él se ocupará de lo sobrenatural —dejo que mi corazón lo declare—. Me corresponde avanzar hasta donde pueda, él me tomará en sus brazos cuando falten las fuerzas. Yo retiro la piedra; resucitar a Lázaro es cosa suya. A mí me concierne llenar las tinajas, él convierte el agua en vino. Si camino rodeando Jericó, no tendré que empujar las murallas, ya se ocupará el cielo de eso. Solo debo hacer lo natural, Dios hará lo sobrenatural.

—Todo es por gracia —recita mi amigo—. Todo es por gracia...

Lo repite una y otra vez, como si de un mantra se tratara, pero es mucho más que eso: es una verdad incuestionable que va calando a su alma inyectando paz en el camino. Su gesto se relaja, sus lágrimas se enjugan. Mi amigo sonríe.

—Todo es por gracia... —repite una vez más.

Para concluir...

Me siento renovado.

No dije exultante, ni embriagado de éxito tampoco. Hablo de algo más profundo, más intenso y trascendente.

Muchos opinan que ser llamado por Dios para servirle es el más alto privilegio al que un ser humano pueda aspirar.

También yo.

Si volviera a nacer, si Dios me regalara otra vida, le rogaría poder hacer con ella la misma inversión, exactamente la misma, que estoy haciendo con esta. No es presunción, es gratitud.

Ahora que estoy a punto de concluir, debo recordar el pensamiento con el que inicié mi relato: «Sería mejor dedicarme a otra cosa. No tengo vocación, todo fue una quimera, una falsa ilusión; no es para mí esta vida».

Lo cierro ahora con la firme decisión de seguir enarbolando esta bendita bandera con forma de cruz. Gracias a Dios, amaneció. Las sombras de la noche agigantan los temores, pero la luz del día confiere a cada cosa su peso justo y la medida coherente. Acunado ahora en su regazo, puedo percibir que el corazón se aquieta y la mente se serena. No, no es tiempo de abandonar, sino de confiar.

La corrección final del manuscrito de *Lunes con mi viejo pastor* la realicé durante unos días de descanso que disfruté en un pueblito pesquero a orillas del Mediterráneo. Allí surgieron las reflexiones finales destinadas a emborronar las páginas en blanco de ese libro.

Hasta allí me trasladé y conmigo lo hicieron mi esposa, mis hijas, mi viejo ordenador portátil y la desazón que desde hacía meses se había convertido en fiel compañero que me torturaba con su lealtad inquebrantable.

Una tarde recorrí la playa de arena fina y lo hice hasta el final. Hasta llegar al espigón: un brazo rocoso creado con enormes piedras que frena el embate de las olas, convirtiendo la zona de baño en un lugar más tranquilo.

Hasta él subí —hasta el abrupto rompeolas— y recorrí su superficie.

A uno y otro lado solo había mar; frente a mí, rocas irregulares, resbaladizas y de aristas cortantes.

Pasar de una a otra implicaba cierto riesgo, pero podía seguir avanzando...

En más de una ocasión, las piedras, humedecidas por la caricia del mar, se convirtieron en pistas deslizantes que me sentaron de golpe, dejando mi espalda dolorida y arañadas mis piernas.

Pese a todo, podía seguir avanzando...

Pero llegó el final del espigón y con él terminó mi camino.

Ya no solo había mar a derecha e izquierda. También frente a mí se extendía la inabarcable extensión de agua.

Un paso más implicaba sumergirme en el insondable Mediterráneo.

Hasta aquí, mal que bien, pude avanzar.

Ahora hice lo único que podía hacer.

Elegí la única opción que me quedaba: desistir del avance, claudicar de mi autosuficiencia, sentarme y esperar.

Justo entonces ocurrió: recostado sobre la última roca, me dejé envolver por el sonido de las olas. Tras unos minutos de reposo y contemplación, comenzó el milagro: la suave brisa se convirtió en confortadora caricia y el rumor del mar, en un mensaje sanador.

Incluso los graznidos rotos de las gaviotas se me antojaron palabras de aliento. Los embates del mar contra el espigón llegaban a mí como música relajante: una dulce sinfonía de espuma y agua.

Las palabras del reformador escocés Samuel Smiles se mecieron en mi mente: «La esperanza es como el sol, que arroja todas las sombras detrás de nosotros».

Un momento más de quietud y ante mis ojos el espigón adquirió movimiento: apareció algún cangrejo que abandonaba su encierro en las grietas, a la vez que en los diminutos océanos creados entre las rocas pude apreciar diversos peces.

Me di cuenta, entonces, de que el silencio, el reposo y la confianza facilitan que aun las rocas muestren la vida que late oculta en sus entrañas.

De repente descubrí que aquella circunstancia era extraordinariamente parecida al paisaje de mi alma.

El último tramo de mi vida lo había recorrido a duras penas, sobre aristas cortantes y diversas caídas en el empeño obcecado de seguir avanzando.

El médico, mis seres más cercanos y cuantos incondicionalmente me aman, me habían pedido descansar. Pero, movido por un terror insuperable a quedarme parado, seguí pisando suelos irregulares y resbalando en el camino. Cualquier mínimo avance era preferible al sentimiento de inutilidad que me provocaba la inactividad.

Pero el espigón de mi alma se agotó y frente a mí solo había mar.

Toqué fondo y por eso opté por lo único que podía hacer: desistir del tozudo avance.

Permanecer, esperar y confiar.

Y fue allí, en la condición de claudicado, donde me alcanzó su gracia transformadora.

Inicié *Lunes con mi viejo pastor* mientras por un resquicio de mi mente se filtró el pensamiento de «Tal vez debería dedicarme a otra cosa...».

Cierro ahora esta trilogía con la firme decisión de dedicarme a **una cosa**: *mantener la cruz en alto, y proseguir, con toda la dignidad posible, la sublime obra que me ha sido encomendada.*

Mis pensamientos se van ordenando y asumo la realidad de que Dios me ha dado **una** luz y **un** espacio donde desplegarla. **Un** caballo para galopar y **un** destino hacia el que dirigirlo.

Sin poder ni querer evitarlo, me postro sobre el almohadón, heredado también de mi viejo pastor; poso mis rodillas sobre la refulgente cruz, adoro a Dios y declaro con paz e inmensa gratitud:

Todo es por gracia...

Todo es por su gracia, que nos sostendrá siempre.

www.ingramcontent.com/pod-product-compliance
Ingram Content Group UK Ltd.
Pitfield, Milton Keynes, MK11 3LW, UK
UKHW020837120325
456141UK00003B/195